CONTEÚDO DIGITAL PARA ALUNOS

Cadastre-se e transforme seus estudos em uma experiência única de aprendizado:

1

Entre na página de cadastro:
https://sistemas.editoradobrasil.com.br/cadastro

2

Além dos seus dados pessoais e dos dados de sua escola, adicione ao cadastro o código do aluno, que garantirá a exclusividade do seu ingresso à plataforma.

9688527A5945483

3

Depois, acesse: **https://leb.editoradobrasil.com.br/**
e navegue pelos conteúdos digitais de sua coleção **:D**

Lembre-se de que esse código, pessoal e intransferível, é valido por um ano. Guarde-o com cuidado, pois é a única maneira de você acessar os conteúdos da plataforma.

Editora do Brasil

Nome:

Professor:

Escola:

Eliana Almeida • Aninha Abreu

Vamos Trabalhar

Matemática

Editora do Brasil

Dados Internacionais de Catalogação na Publicação (CIP)
(Câmara Brasileira do Livro, SP, Brasil)

Almeida, Eliana
Vamos trabalhar : matemática / Eliana Almeida, Aninha Abreu. – 2. ed. – São Paulo: Editora do Brasil, 2017.

ISBN: 978-85-10-06568-9 (aluno)
ISBN: 978-85-10-06569-6 (professor)

1. Alfabetização (Ensino fundamental) 2. Matemática (Ensino fundamental) I. Abreu, Aninha. II. Título.

17-04575 CDD-372.7

Índices para catálogo sistemático:
1. Matemática : Ensino fundamental 372.7

Direção-geral: Vicente Tortamano Avanso

Direção editorial: Cibele Mendes Curto Santos
Gerência editorial: Felipe Ramos Poletti
Supervisão editorial: Erika Caldin
Supervisão de arte, editoração e produção digital: Adelaide Carolina Cerutti
Supervisão de direitos autorais: Marilisa Bertolone Mendes
Supervisão de controle de processos editoriais: Marta Dias Portero
Supervisão de revisão: Dora Helena Feres
Consultoria de iconografia: Tempo Composto Col. de Dados Ltda.

Coordenação de edição: Carla Felix Lopes
Assistência editorial: Juliana Pavoni e Monika Kratzer
Auxílio editorial: Beatriz Villanueva
Coordenação de revisão: Otacilio Palareti
Copidesque: Ricardo Liberal
Revisão: Alexandra Resende, Ana Carla Ximenes, Andréia Andrade, Elaine Fares e Maria Alice Gonçalves
Coordenação de iconografia: Léo Burgos
Pesquisa iconográfica: Priscila Ferraz
Coordenação de arte: Maria Aparecida Alves
Assistência de arte: Carla Del Matto
Design gráfico: Regiane Santana e Samira de Souza
Capa: Patrícia Lino
Imagem de capa: Rodrigo Alves
Ilustrações: Bruna Ishihara, DAE (Departamento de Arte e Editoração), Daniel Klein, Danilo Dourado, Eduardo Belmiro, Hélio Senatore, José Wilson Magalhães, Márcio Castro, Marco Cortez, Marcos Machado e Pierre Trabbold
Coordenação de editoração eletrônica: Abdonildo José de Lima Santos
Editoração eletrônica: Armando F. Tomiyoshi e Wlamir Miasiro
Licenciamentos de textos: Cinthya Utiyama, Jennifer Xavier, Paula Harue Tozaki e Renata Garbellini
Controle de processos editoriais: Bruna Alves, Carlos Nunes, Gabriella Mesquita e Rafael Machado

2ª edição / 10ª impressão, 2024
Impresso na PifferPrint

Editora do Brasil

Avenida das Nações Unidas, 12901
Torre Oeste, 20º andar
São Paulo, SP – CEP: 04578-910
Fone: +55 11 3226-0211
www.editoradobrasil.com.br

APRESENTAÇÃO

Querido aluno,
Este poema foi feito especialmente para você.

Aprender

É bom brincar, correr, pular e sonhar.
Agora chegou a hora de
ler, escrever e contar.
Com o livro *Vamos trabalhar*,
descobertas você fará.
E muito longe chegará.

Língua Portuguesa, Matemática,
História, Geografia e Ciências.
Tudo isso você estudará.
Contas, frases, poemas, histórias e textos.
Muitas coisas para falar, guardar e lembrar.

Um abraço e bom estudo!
As autoras

AS AUTORAS

Eliana Almeida

- Licenciada em Artes Práticas
- Psicopedagoga clínica e institucional
- Especialista em Fonoaudiologia (área de concentração em Linguagem)
- Pós-graduada em Metodologia do Ensino da Língua Portuguesa e Literatura Brasileira
- Psicanalista clínica e terapeuta holística
- *Master practitioner* em Programação Neurolinguística
- Aplicadora do Programa de Enriquecimento Instrumental do professor Reuven Feuerstein
- Educadora e consultora pedagógica na rede particular de ensino
- Autora de vários livros didáticos

Aninha Abreu

- Licenciada em Pedagogia
- Psicopedagoga clínica e institucional
- Especialista em Educação Infantil e Educação Especial
- Gestora de instituições educacionais do Ensino Fundamental e do Ensino Médio
- Educadora e consultora pedagógica na rede particular de ensino
- Autora de vários livros didáticos

A nossos alunos, nossa verdadeira escola.
Às nossas filhas, Juliana, Fabiana e Larissa.

As autoras

"Líder é um mercador de esperança."
Napoleão Bonaparte

SUMÁRIO

Coordenação motora

1 Cubra com lápis azul as piruetas que o ginasta fez.

2 Cubra com lápis vermelho a fita da ginasta.

Distância

Perto e longe

1 Circule a criança que está mais perto da patinete e faça um / na que está mais longe.

2 Pinte a abelha que está mais perto da colmeia e circule a que está mais longe.

Posição

Esquerda e direita

1 Circule a criança que está utilizando a mão direita. Faça um **X** na que está utilizando a mão esquerda.

2 Pinte de amarelo o boné da criança que está indo para a direita e de preto o boné da criança que está seguindo à esquerda.

3 Desenhe uma flor na mão esquerda de Alice e uma maçã na mão direita dela.

4 Pinte de vermelho as setas que apontam para o lado direito e de preto as setas que indicam o lado esquerdo.

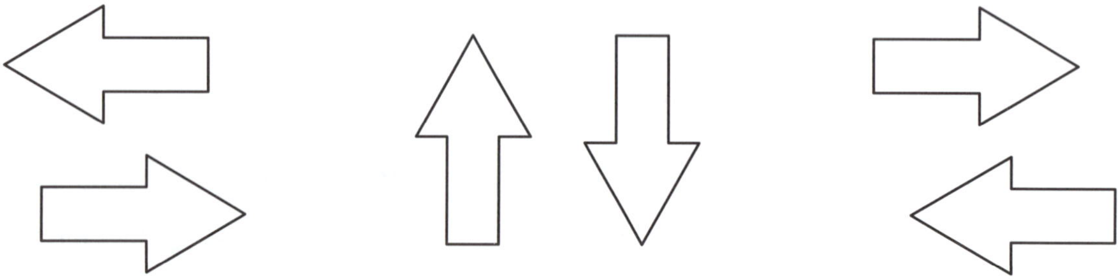

5 Desenhe um carro na pista que segue para a esquerda.

Em cima, embaixo, dentro, fora, atrás, na frente

1 Circule os personagens com as cores indicadas:

- O palhaço que está em cima do cilindro.
- O palhaço que está embaixo da rede.
- A bailarina que está dentro da caixa mágica.
- A bailarina que está fora da caixa mágica.
- O palhaço que está na frente da charanga.
- O palhaço que está atrás na charanga.

Quantidade

Mais e menos

1 Ligue a galinha ao ninho que tem mais ovos e faça um **/** no ninho que tem menos ovos.

Stockphoto mania/Shutterstock.com

Raydignity/Shutterstock.com

WachiraS/Shutterstock.com

2 Circule o gira-gira que tem menos crianças e faça um **X** no gira-gira que tem mais crianças.

Muito, pouco e nenhum

1 Circule a pata que tem muitos patinhos.

2 Faça um **X** no vendedor que tem poucos balões.

3 Veja quantas flores há no primeiro quadro. Desenhe muitas flores no outro quadro.

4 Pinte o bolo que não tem nenhuma vela.

5 Faça um **/** no carrinho que tem muitos produtos e um **X** no carrinho que tem poucos produtos.

6 Circule o galho sem nenhum pássaro.

Tamanho

Maior e menor

1 Pinte de vermelho o maior carro e pinte de verde o menor carro.

2 Circule a criança que tem o maior saco de pipoca e faça um / na que tem o menor saco de pipoca.

3 Observe o lápis a seguir. Desenhe com canetinha hidrocor rosa um lápis menor do que ele e, com azul, um lápis maior do que ele.

Curto e comprido

1. Pinte o lobo que tem o rabo mais comprido e faça um **X** no que tem rabo mais curto.

2. Faça um **/** na pipa que tem a rabiola mais comprida e circule a que tem a rabiola mais curta.

Altura

Alto e baixo

1 Luísa, a aluna mais alta da turma, carregará a bandeira no desfile da escola. Circule-a.

2 Desenhe no poste mais alto uma lâmpada azul, no poste mais baixo uma lâmpada vermelha e nos postes de mesmo tamanho lâmpadas verdes.

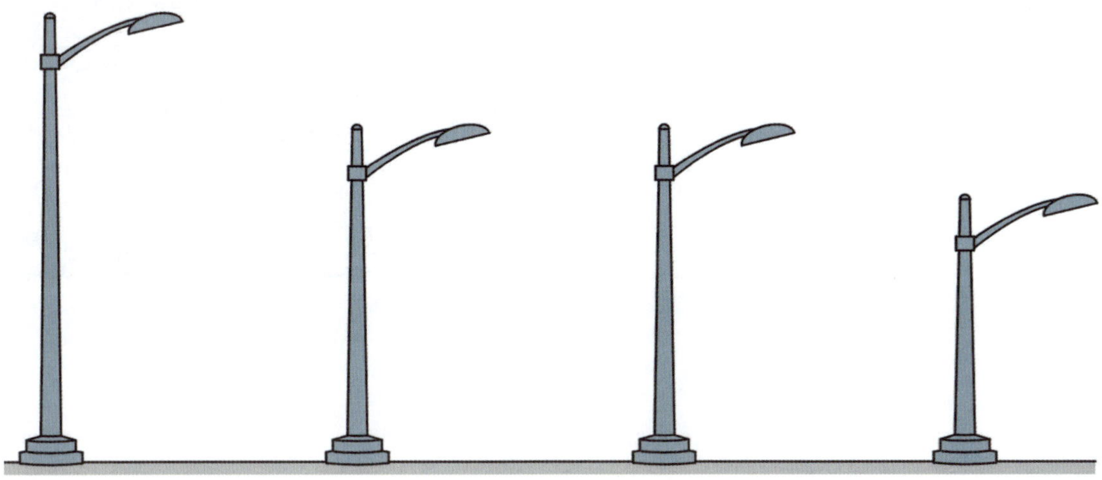

Espessura

Largo e estreito

1 A cama do ursinho é a mais estreita e a da mamãe é a mais larga. Ligue cada personagem à cama dele.

2 Desenhe um caminho mais largo que este para chegar à casa.

Grosso e fino

1. Circule o pote que tem lápis mais grossos e faça um **X** no que tem lápis mais finos.

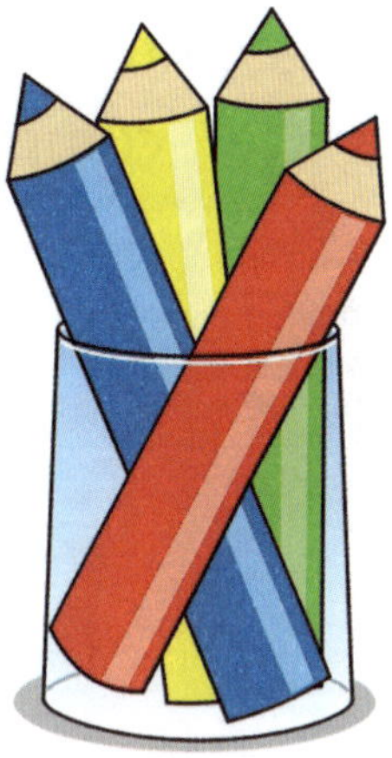

2. Desenhe um pincel mais grosso do que este.

RomboStudio/Shutterstock.com

3. Marque um **X** na corda mais grossa e faça uma ● na corda mais fina.

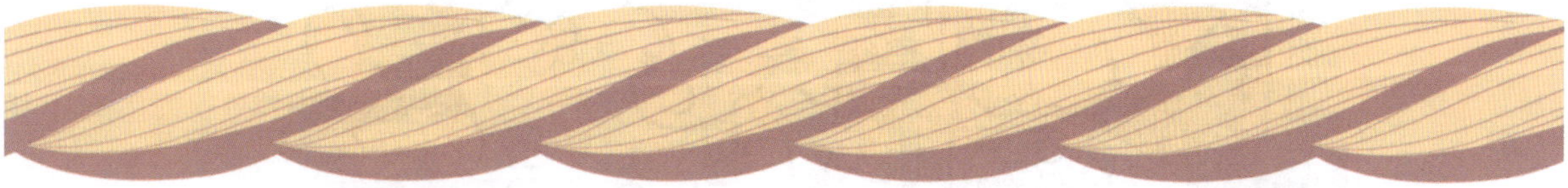

Geometria

Sólidos geométricos

Sólidos geométricos são objetos que têm três dimensões: comprimento, altura e largura.

Laborant/Shutterstock.com

Cubo.

Laborant/Shutterstock.com

Cilindro.

Timquo/Shutterstock.com

Esfera.

Laborant/Shutterstock.com

Paralelepípedo.

Fishman64/Shutterstock.com

Pirâmide.

Laborant/Shutterstock.com

Cone.

- Observe os presentes do Papai Noel e também os dados com que Cascão e Cebolinha brincam. A que sólido geométrico eles se assemelham? Responda oralmente.

© Mauricio de Sousa Editora Ltda.

Atividades

1 Ajude Márcio a identificar objetos com forma semelhante aos sólidos geométricos. Circule-os.

2 Escreva o nome dos sólidos geométricos a seguir. Use as palavras do quadro.

pirâmide – esfera – cubo – paralelepípedo – cone – cilindro

 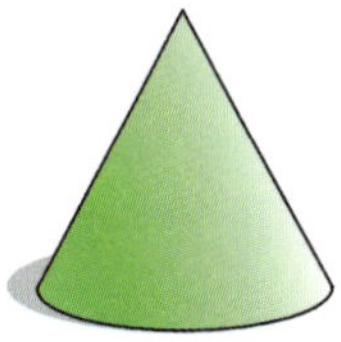 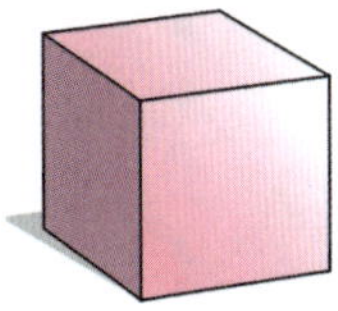

a) ______________ **c)** ______________ **e)** ______________

 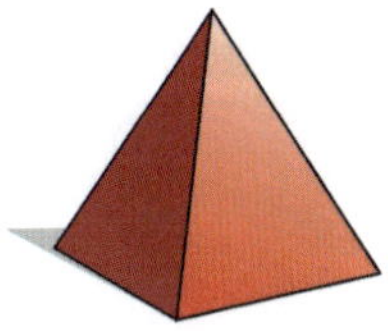 

b) ______________ **d)** ______________ **f)** ______________

3 Recorte de jornais, revistas ou folhetos imagens de objetos com forma semelhante aos sólidos geométricos abaixo. Cole-as a seguir e ligue-as ao sólido geométrico a que se assemelham.

Fotos: Laborant/ Shutterstock.com

Sólidos geométricos que rolam e sólidos que não rolam

Alguns sólidos geométricos apresentam somente **superfícies planas**, por isso **não rolam**.

Outros sólidos apresentam **superfície arredondada** ou uma parte arredondada, por isso **rolam**.

Atividades

1 Pinte de verde os sólidos geométricos que não rolam e de azul os que rolam.

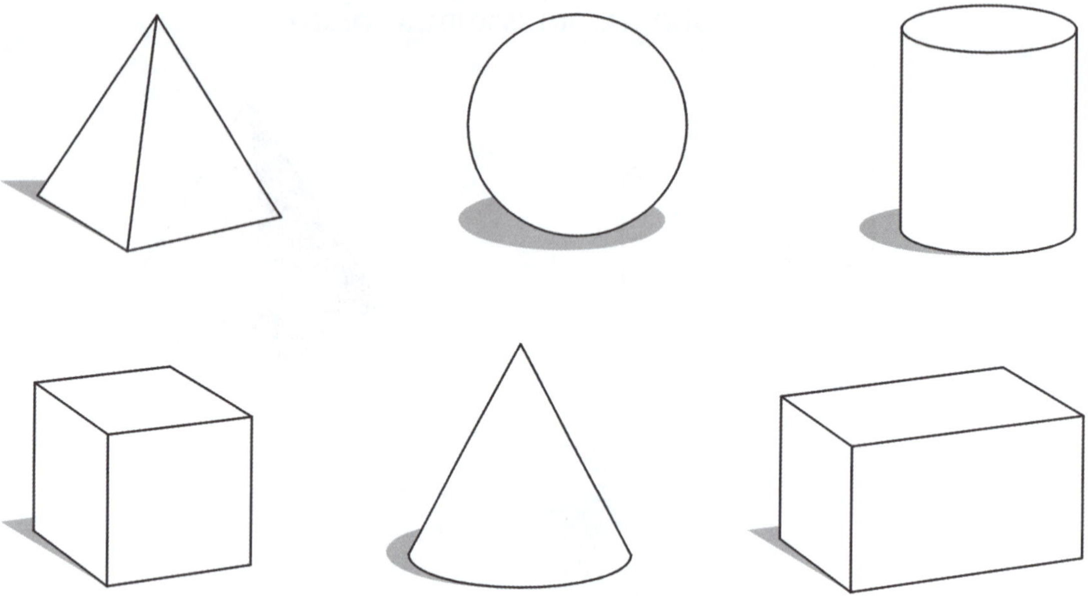

2 Circule os objetos que rolam.

Arunas Gabalis/Shutterstock.com

konzeptm/Shutterstock.com

Timmary/Shutterstock.com

Alexvav/Shutterstock.com

Mega Pixel/Shutterstock.com

Sultan MalÇok/Dreamstime.com

Vamos brincar

1 Vamos montar um cubo? Para começar, pinte a imagem a seguir. Depois, siga a legenda para recortar, dobrar e colar esse sólido geométrico.

------- recortar ——— dobrar • • • • colar

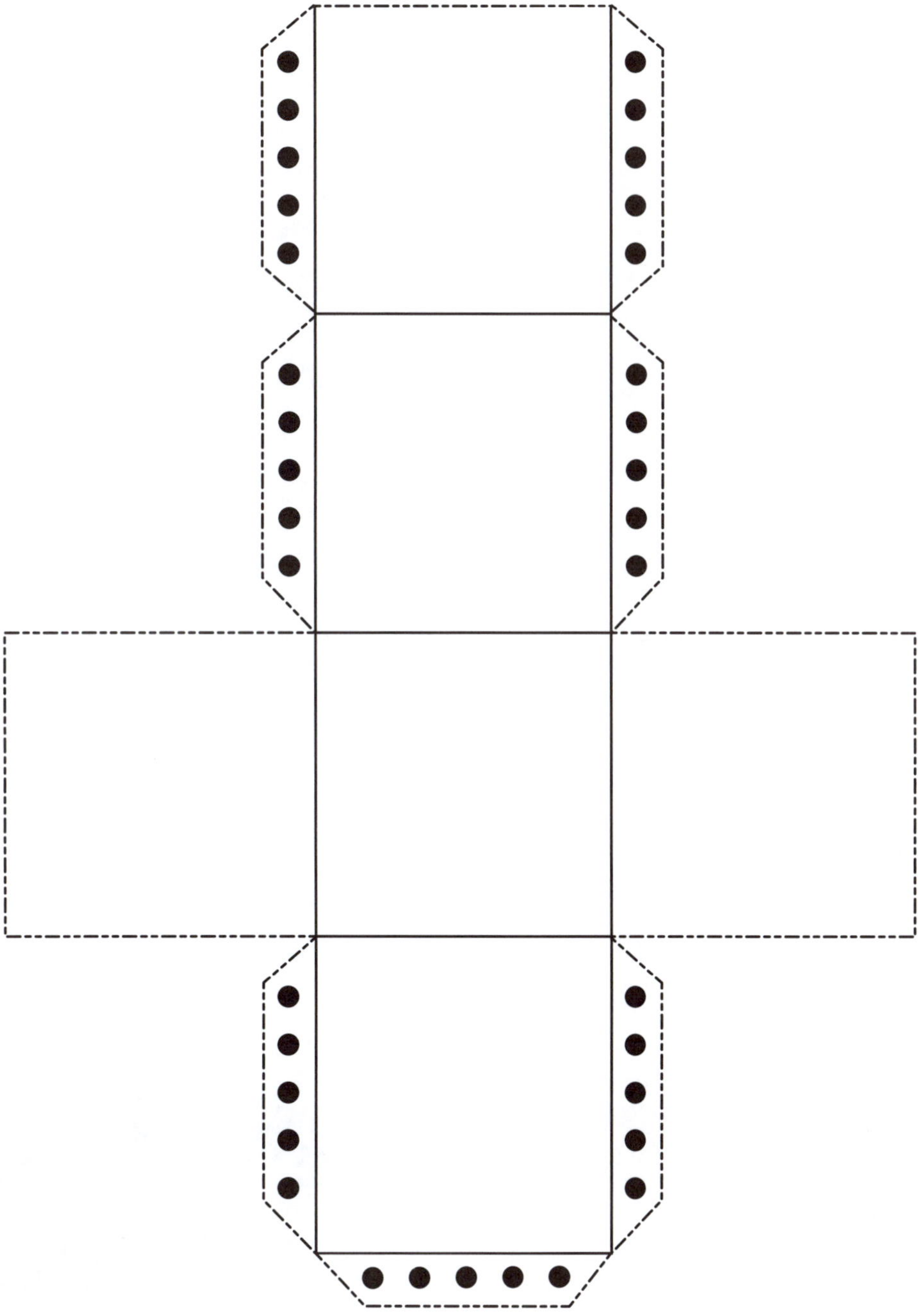

2 Vamos montar um paralelepípedo? Para começar, pinte a imagem a seguir. Depois, siga a legenda para recortar, dobrar e colar esse sólido geométrico.

------- recortar —— dobrar • • • • colar

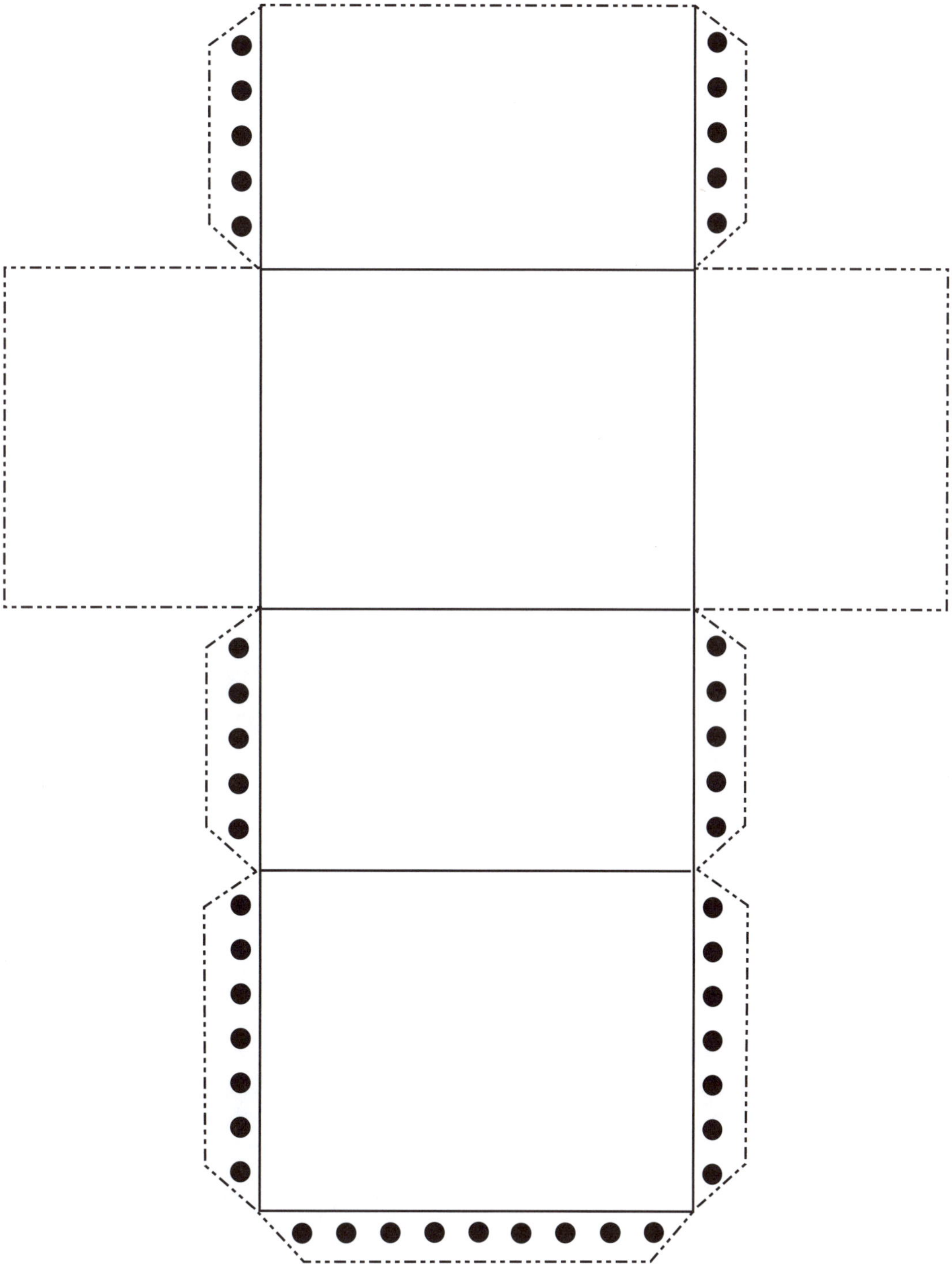

3 Vamos montar uma pirâmide? Para começar, pinte a imagem a seguir. Depois, siga a legenda para recortar, dobrar e colar esse sólido geométrico.

------- recortar ——— dobrar • • • • colar

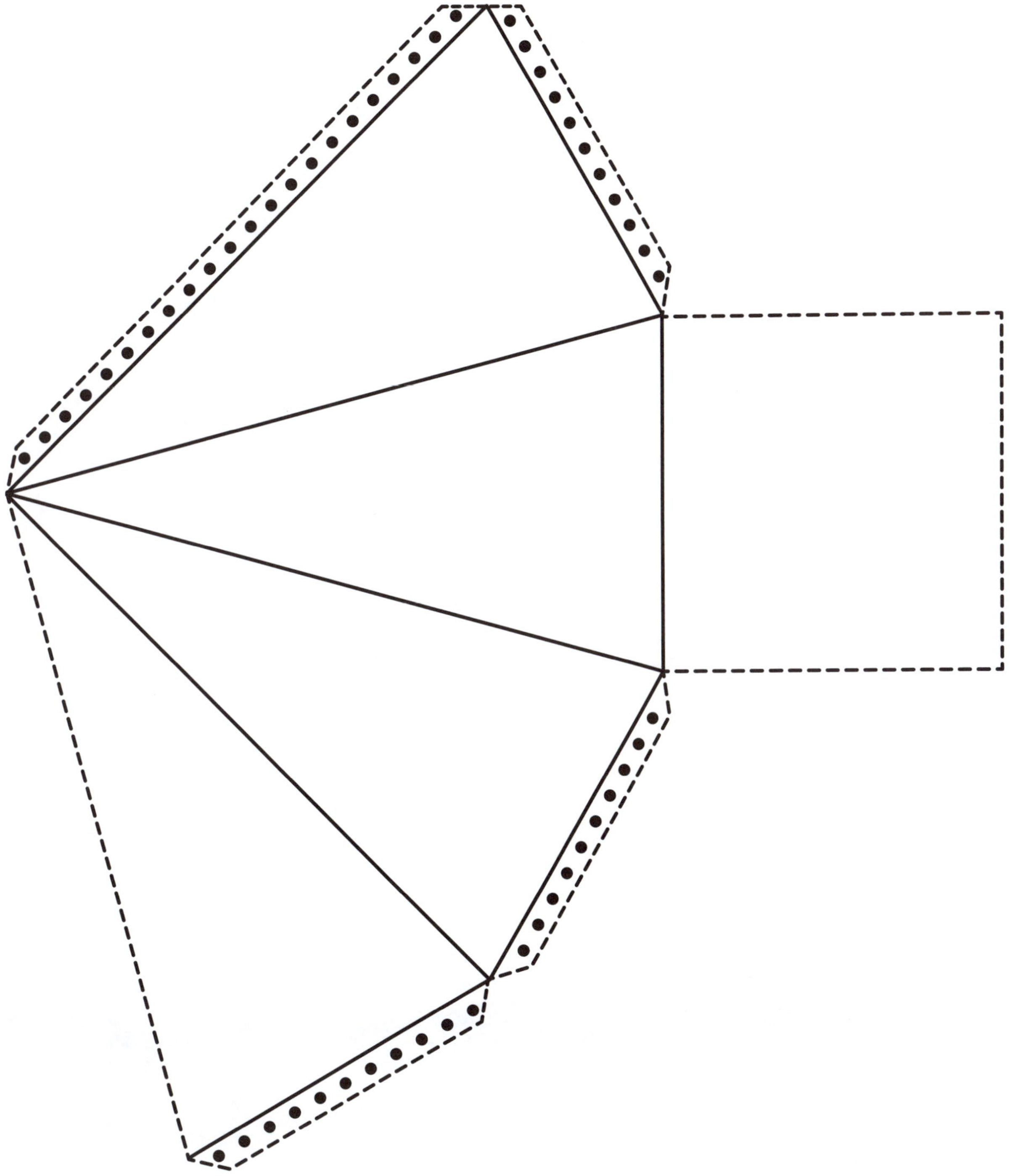

4 Vamos montar um cilindro? Para começar, pinte a imagem a seguir. Depois, siga a legenda para recortar, dobrar e colar esse sólido geométrico.

------- recortar ——— dobrar • • • • colar

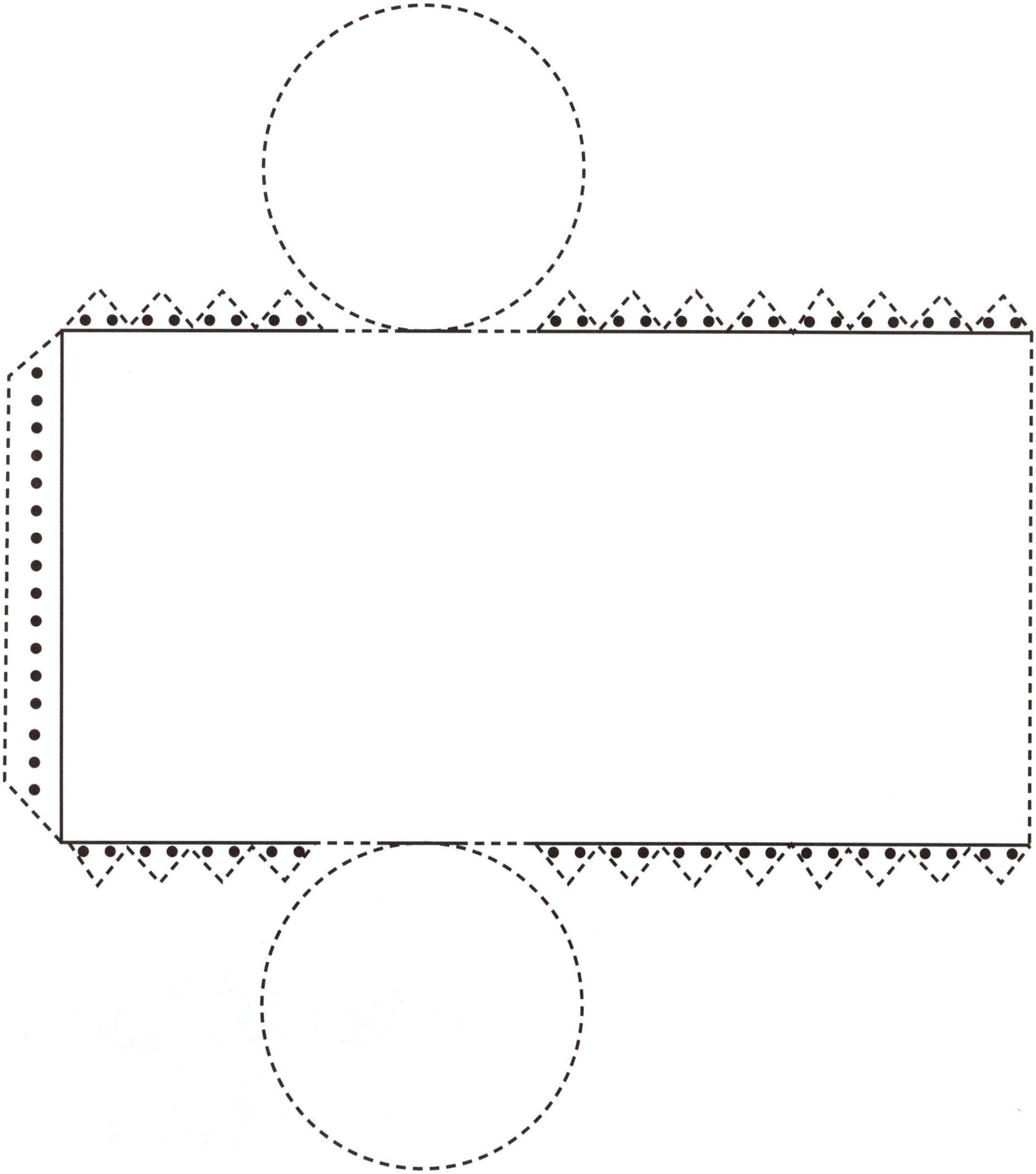

5 Vamos montar um cone? Para começar, pinte a imagem a seguir. Depois, siga a legenda para recortar, dobrar e colar esse sólido geométrico.

------- recortar ——— dobrar • • • • colar

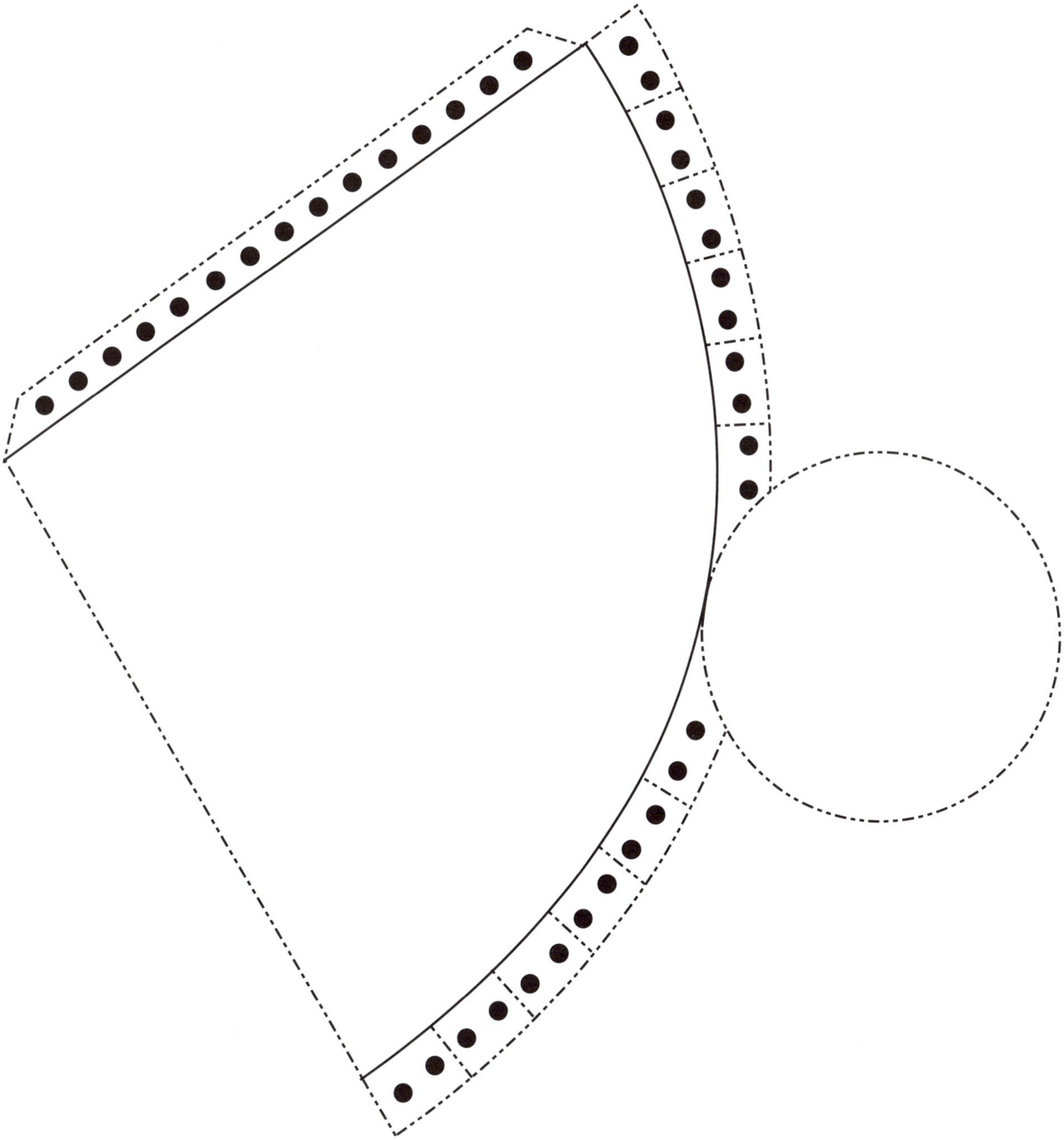

Figuras planas

Nas faces dos sólidos geométricos podemos identificar as figuras planas.

Cada figura plana tem um nome:

Triângulo. Retângulo. Quadrado. Círculo.

Atividades

1 Observe a figura a seguir. A forma dela se assemelha a qual figura plana? Escreva.

____

2 Pinte as figuras planas e ligue-as ao nome delas.

TRIÂNGULO

RETÂNGULO

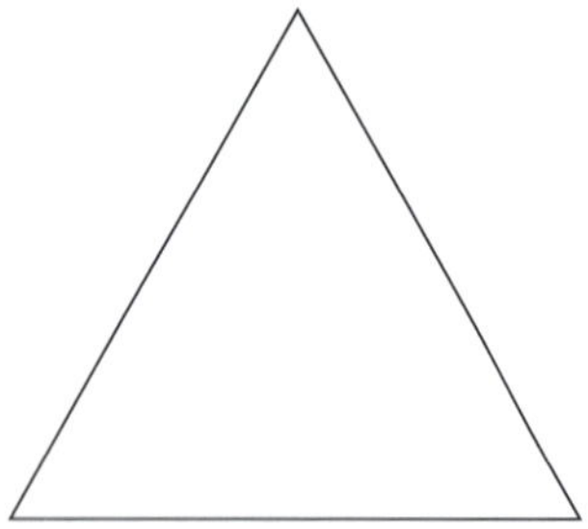

QUADRADO

CÍRCULO

3 Aprecie esta obra de arte da artista brasileira Tarsila do Amaral.

Museu de Arte Contemporânea da Universidade de São Paulo, SP/Tarsila do Amaral Empreendimentos/Fotografia: Romulo Fialdini/Tempo Composto

Tarsila do Amaral. *E.F.C.B.*, 1924. Óleo sobre tela, 1,42 m × 1,27 m.

4 Agora, desenhe as figuras planas que você identificou nessa obra.

5 Você é o artista! Utilize figuras planas para fazer sua obra de arte!

Números naturais

- Circule todos os objetos que têm números. Depois, converse com os colegas e o professor sobre os objetos que você já utilizou.

Número 1

1 um
1 um

Vamos cantar

Havia um indiozinho
Que vivia a passear!
Saiu de sua casa
E pôs-se a cantar!

Cantiga.

Atividades

1 Cubra o tracejado e descubra o número 1.

1 1 1 1 1 1 1 1

2 Cubra o tracejado e continue fazendo o número 1.

1 ____ ____ ____ ____ ____ ____ ____

3 Circule **1** indiozinho.

4 Encontre **1** indiozinho no meio da floresta e pinte-o.

5 Pinte **1** sorvete.

Vamos cantar

Uni duni tê
Salamê minguê
Um sorvete colorê
O escolhido foi você.

Parlenda.

Número 2

2 dois
2 dois

Vamos cantar

Um elefante incomoda muita gente.
Dois elefantes incomodam,
Incomodam muito mais!

Cantiga.

Atividades

1. Cubra o tracejado e descubra o número 2.

2. Cubra o tracejado e continue fazendo o número 2.

3. Pinte **2** elefantes.

4 Desenhe flores de acordo com o número.

a) 2

b) 1

5 Observe a cena. Conte e escreva quantas crianças estão em cada brinquedo.

6 Complete o calendário com os números que faltam.

Domingo	Segunda	Terça	Quarta	Quinta	Sexta	Sábado
___	___	3	4	5	6	7
8	9	10	11	12	13	14
15	16	17	18	19	20	21
22	23	24	25	26	27	28
29	30					

Número 3

3 três
3 três

Vamos ler

Um tigre
Dois tigres
Três tigres.

Trava-língua.

Atividades

1. Cubra o tracejado e descubra o número 3.

2. Cubra o tracejado e continue fazendo o número 3.

3. Ligue cada tigre a um prato. Depois, conte a quantidade de pratos e escreva o número no quadrinho.

4 Conte as tampinhas e escreva o número correspondente.

a)  ______

b)  ______

c)  ______

Fotos: SmileStudio/Shutterstock.com

5 Pinte o número **3**.

6 Ligue os pontos e pinte a figura.

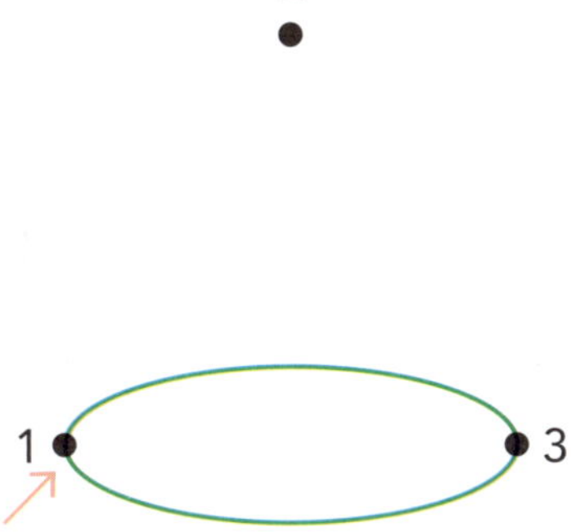

Vamos cantar

O meu chapéu tem 3 pontas
Tem 3 pontas o meu chapéu
Se não tivesse 3 pontas
Não seria o meu chapéu.

Cantiga.

Número 4

4 quatro
4 *quatro*

Vamos cantar

Com quem você
Pretende se casar?
Loiro, moreno,
Careca, cabeludo...
Um, dois, três, quatro...

Cantiga.

Atividades

1 Cubra o tracejado e descubra o número 4.

2 Cubra o tracejado e continue fazendo o número 4.

3 Circule os **4** meninos citados na parlenda.

4 Conte as carinhas e marque um **X** na quantidade indicada.

a) 2

b) 4

c) 1

d) 3

5 Complete a sequência numérica.

1 _____ _____ _____

6 Conte as bolinhas que há nos quadros e desenhe mais bolinhas para completar a quantidade indicada.

a) 3

c) 4

b) 1

d) 2

Número 5

5 cinco

5 *cinco*

Vamos ler

O rei mandou dizer
Que quem quiser
Que conte cinco:
Um, dois, três,
Quatro, cinco.

Parlenda.

Atividades

1. Cubra o tracejado e descubra o número 5.

2. Cubra o tracejado e continue fazendo o número 5.

3. Desenhe uma coroa na cabeça de cada rei. Depois, conte quantas coroas você desenhou e escreva o número no quadrinho.

4 Conte as bolinhas e escreva o número ao lado delas.

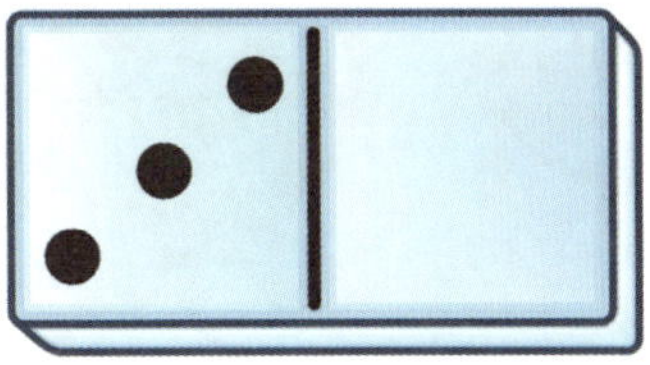
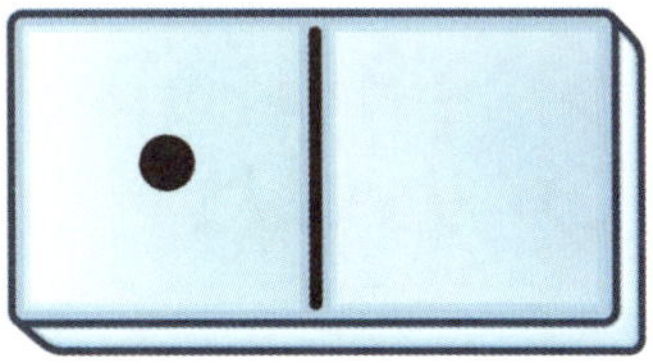
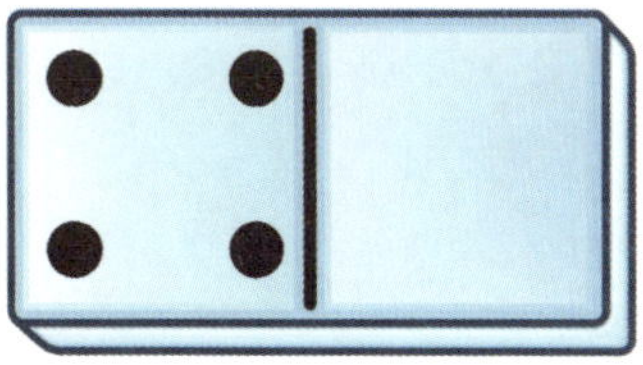
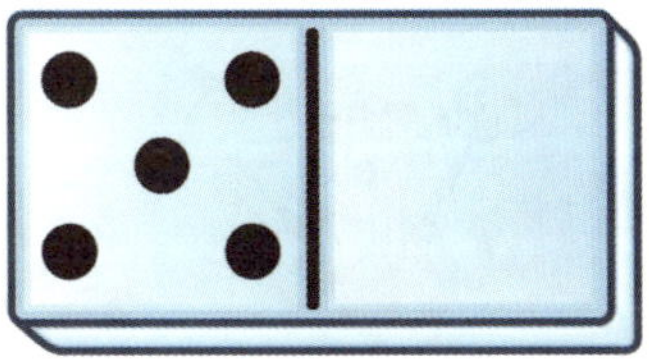
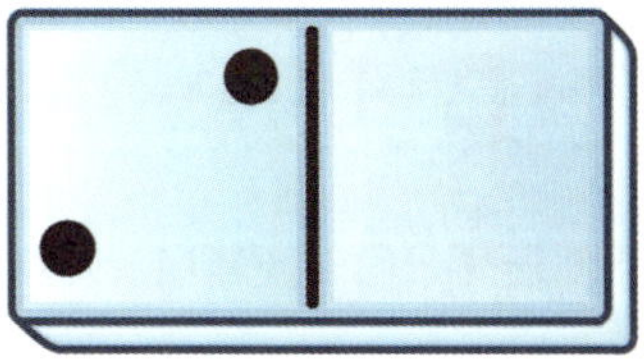

5 Encontre na cena os elementos indicados na legenda, conte-os e escreva o número no quadrinho.

Número 6

6 seis
6 *seis*

Vamos cantar

Um, dois, feijão com arroz
Três, quatro, feijão no prato
Cinco, seis, arroz chinês...

Cantiga.

Atividades

1 Cubra o tracejado e descubra o número 6.

6 6 6 6 6 6 6 6

2 Cubra o tracejado e continue fazendo o número 6.

6 _____ _____ _____ _____ _____ _____ _____

3 Circule **6** pratos de feijão com arroz.

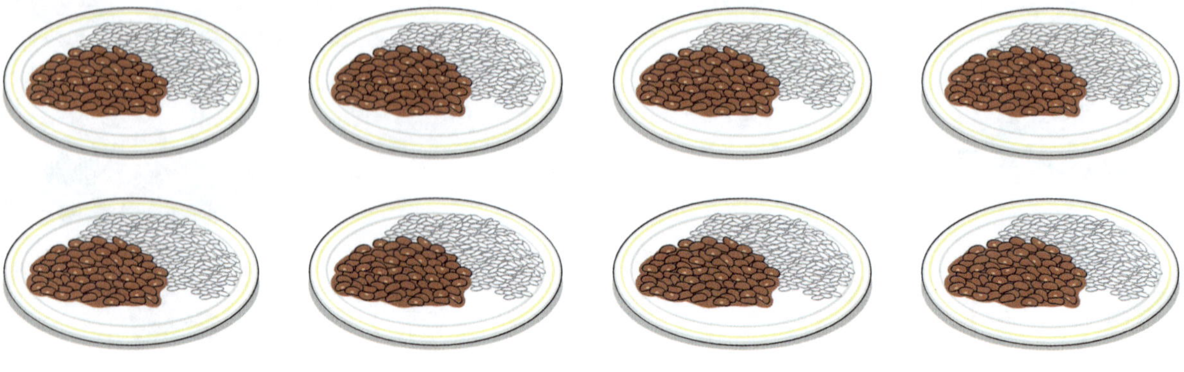

4 Termine de numerar a trilha.

5 Conte os piões e pinte o quadrinho com o número correspondente à quantidade de piões.

1	2	3
4	5	6

6 Desenhe **6** frutas de que você gosta.

Número 7

7 sete

7 sete

Vamos cantar

A barata diz que tem
Sete saias de filó.
É mentira da barata
Ela tem é uma só!

Cantiga.

Atividades

1. Cubra o tracejado e descubra o número 7.

7 7 7 7 7 7 7 7

2. Cubra o tracejado e continue fazendo o número 7.

7 ______ ______ ______ ______ ______ ______ ______

3. Pinte **7** saias.

4 Pinte os ☐ de acordo com o número indicado.

a) 2

b) 5

c) 1

d) 3

e) 6

f) 4

g) 7

5 Complete a régua com os números que estão faltando.

6 Desenhe **7** velas neste bolo.

Número 8

8 oito
8 *oito*

Vamos cantar

A galinha do vizinho
Bota ovo amarelinho.
Bota um, bota dois,
Bota três, bota quatro,
Bota cinco, bota seis,
Bota sete, bota oito...

Cantiga.

Atividades

1 Cubra o tracejado e descubra o número 8.

2 Cubra o tracejado e continue fazendo o número 8.

3 A galinha botou **8** ovos. Desenhe-os.

4 Pinte o número **8** na amarelinha a seguir.

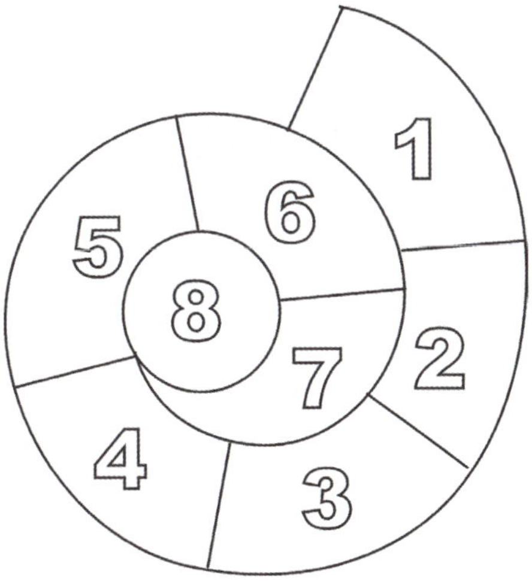

5 Complete a sequência numérica.

1 ____ ____ ____ ____ ____ ____ ____

6 Conte e escreva quantas frutas há de cada tipo.

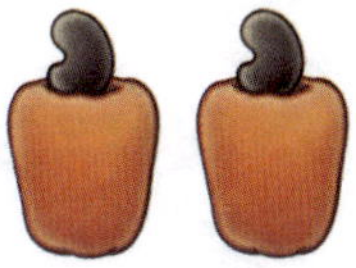

Número 9

9 nove

9 nove

Vamos cantar

Serra, serra, serrador
Quantas serras já serrou?
Já serrei 9.
1, 2, 3, 4, 5, 6, 7, 8, 9.

Cantiga.

Atividades

1. Cubra o tracejado e descubra o número 9.

2. Cubra o tracejado e continue fazendo o número 9.

3. Conte e pinte **9** tábuas.

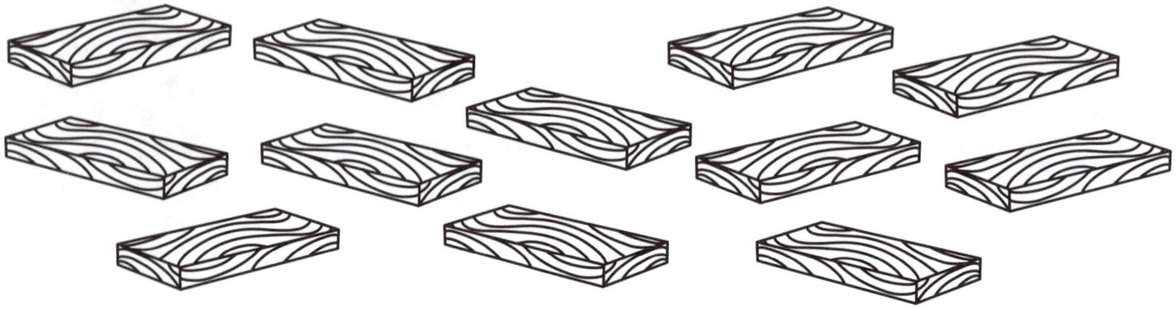

4 Encontre na cena os elementos indicados na legenda, conte-os e escreva o número no quadrinho.

5 Ligue os pontos de **1** a **9** para descobrir a figura.

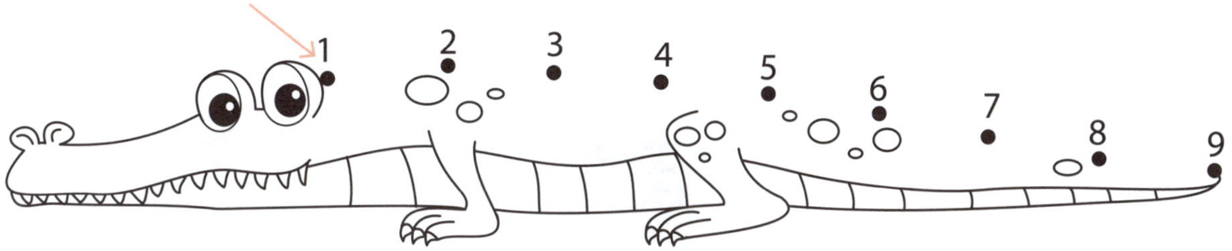

Número 0

0 zero
0 zero

Vamos ler

Cadê o toucinho que estava aqui?
O gato comeu.
Cadê o gato?
Subiu no telhado.

Parlenda.

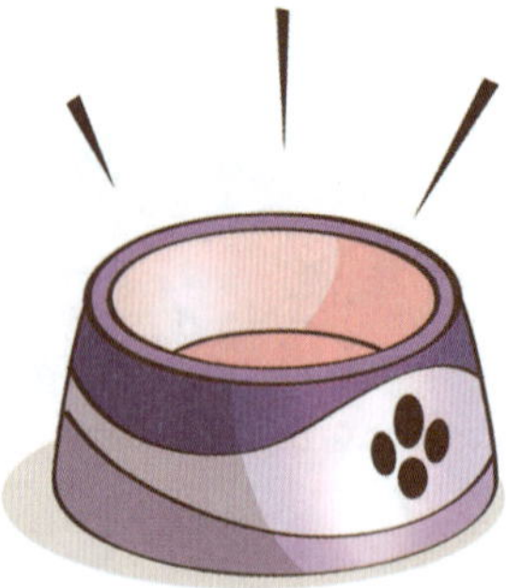

Ausência de unidades é representada pelo número **0**.

Atividades

1. Cubra o tracejado e descubra o número 0.

2. Cubra o tracejado e continue fazendo o número 0.

3. Marque um **X** na tigela que pode ser representada pelo número **0**.

4 Conte quantas crianças há em cada brinquedo e escreva o número no quadrinho.

Os números e seus vizinhos (antes e depois)

Alice tem dois vizinhos: o da direita e o da esquerda.
Observe o número das casas. Pode-se dizer que os números, organizados em sequência, também têm vizinhos.
O único número que só tem um vizinho é o **0**.

Atividades

1 Escreva os vizinhos dos números a seguir.

a) ___ 3 ___

b) ___ 6 ___

c) ___ 7 ___

d) ___ 8 ___

2 Complete a trilha com os vizinhos dos números dados.

	1		3		5		7		9

Algarismos

Os números 1, 2, 3, 4, 5, 6, 7, 8, 9 e 0 são símbolos numéricos chamados de **algarismo**. Com esses símbolos podemos escrever qualquer número.

Atividades

1 Conte os dedinhos e ligue cada imagem ao número correspondente.

1

2

3

4

5

6

7

8

9

0

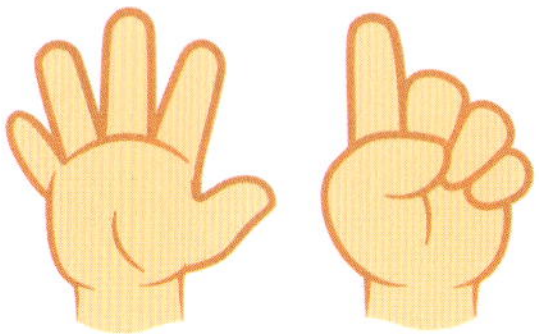

2 Conte cada cubinho e escreva o número.

a)  ____________

d)  ____________

g)  ____________

b)  ____________

e)  ____________

h)  ____________

c)  ____________

f)  ____________

i)  ____________

3 Escreva os números por extenso. Use as palavras do quadro.

> um – dois – três – quatro – cinco – seis – sete – oito – nove – zero

a) 6 ____________

b) 0 ____________

c) 4 ____________

d) 9 ____________

e) 3 ____________

f) 1 ____________

g) 2 ____________

h) 8 ____________

i) 7 ____________

j) 5 ____________

Linhas

Atividades

1 Cubra os pontinhos com as cores indicadas.

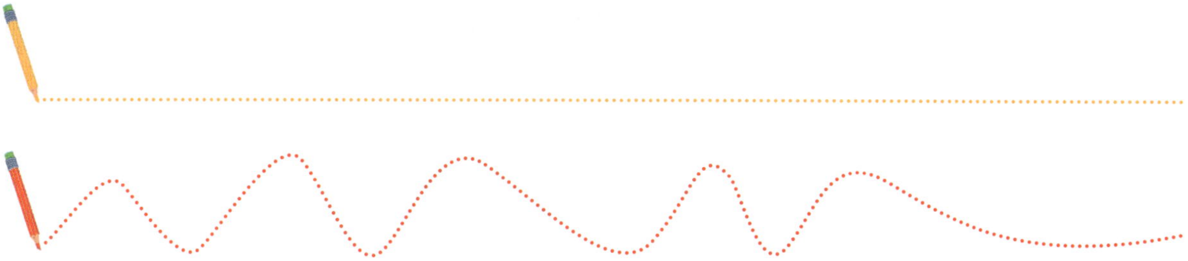

Você formou linhas. A primeira é uma **linha reta aberta** e a segunda é uma **linha curva aberta**.

2 Pinte de verde a linha curva fechada.

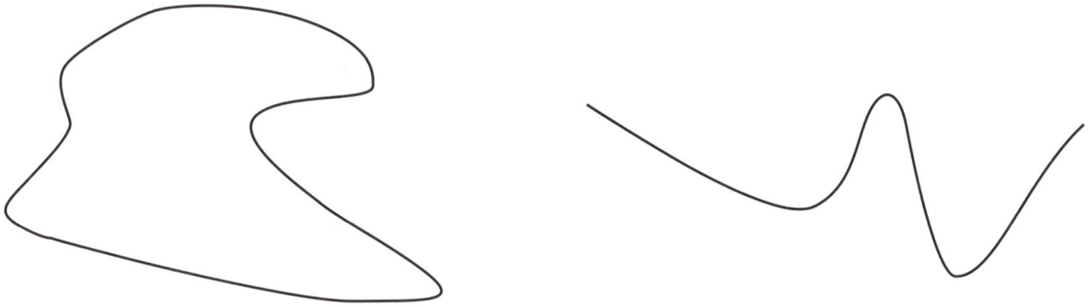

3 Faça a rabiola da pipa traçando uma linha curva aberta.

4 Pinte de verde o carro que está na estrada em linha reta e de azul o carro que está na estrada em linha curva.

5 Separe as espécies de animais usando duas linhas retas.

Conjuntos

Passando uma linha em volta de alguns elementos, temos a representação de um conjunto.

Conjunto unitário é aquele que contém um elemento.

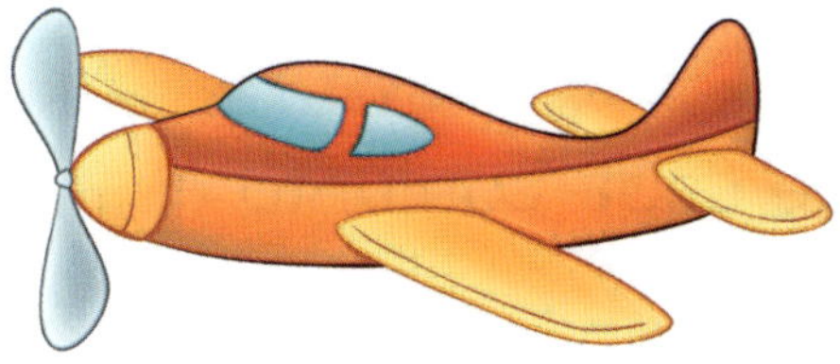

Conjunto vazio é aquele que não contém elementos.

Atividades

1 Faça uma linha fechada curva no único elemento que forma um conjunto unitário.

2 Desenhe um conjunto vazio.

3 Ligue o nome de cada conjunto às imagens que o representam.

conjunto vazio

conjunto unitário

Ordem crescente e ordem decrescente

Quando escrevemos os **números do menor para o maior,** seguimos uma **ordem crescente**.

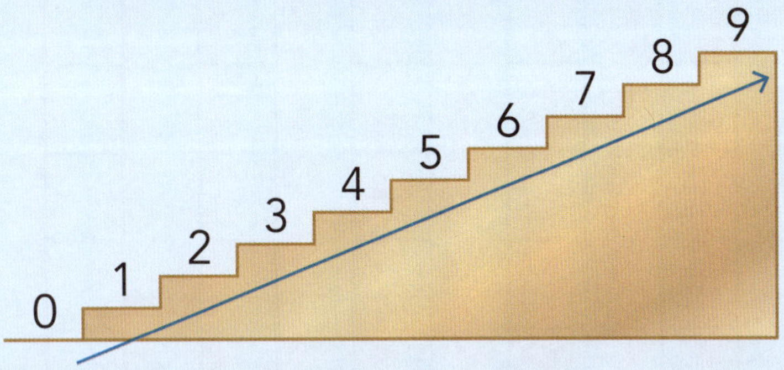

Quando escrevemos os **números do maior para o menor,** seguimos uma **ordem decrescente**.

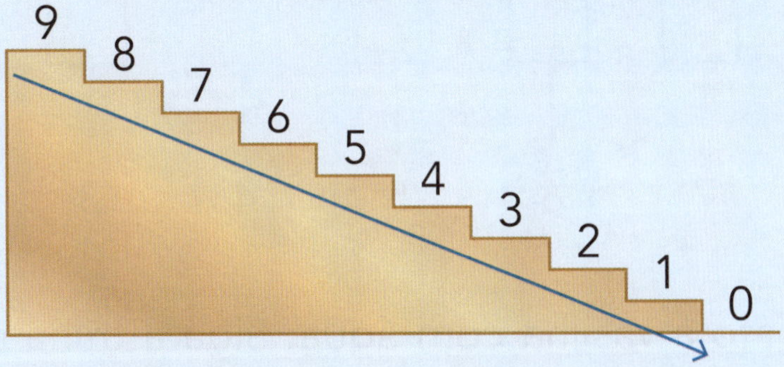

Atividades

1 Termine de numerar os degraus em ordem crescente.

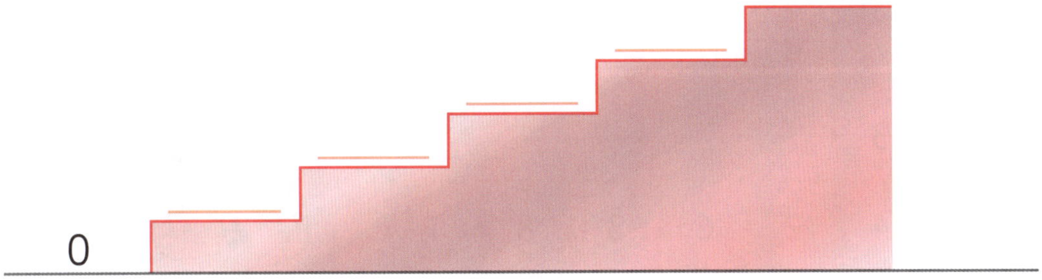

2 Pinte os □ seguindo a ordem decrescente.

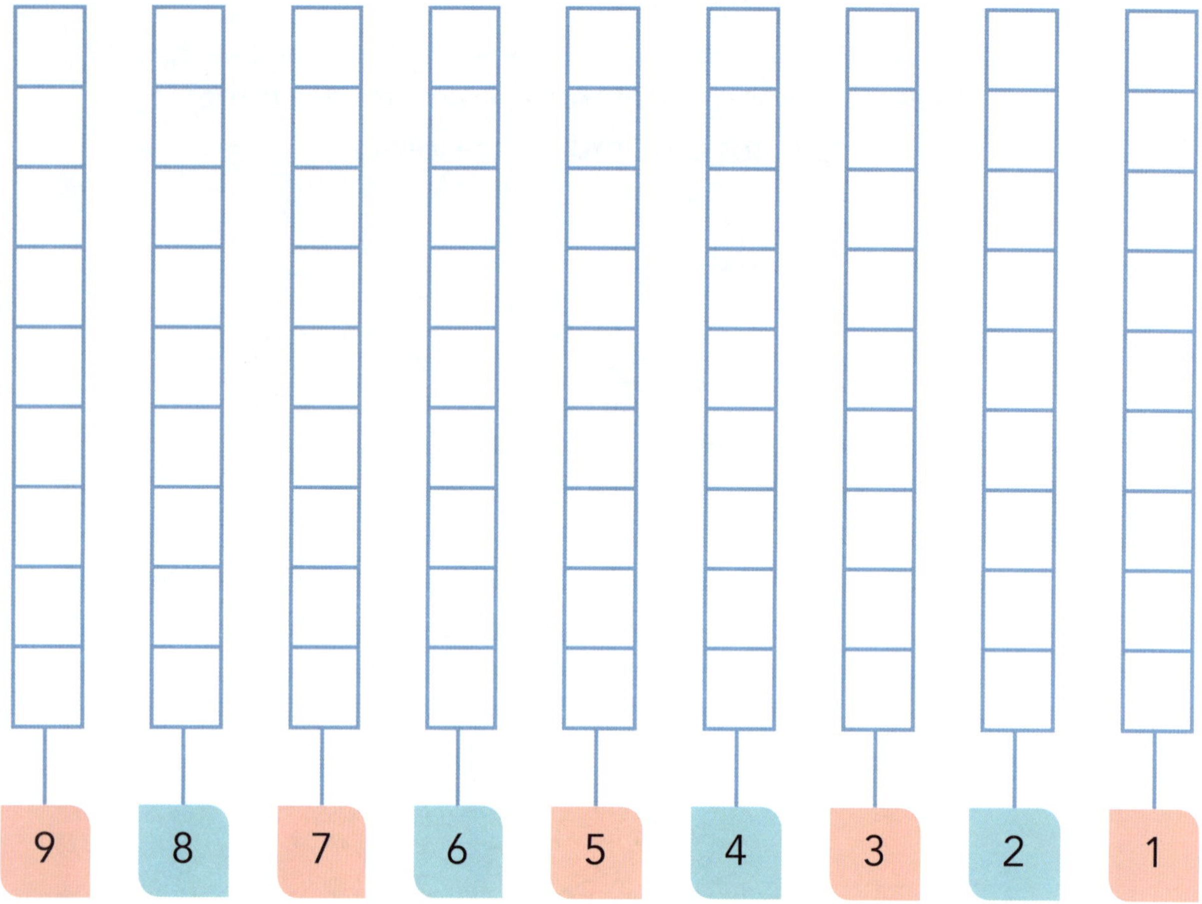

3 Leve o gato à vasilha com água. Siga a trilha que apresenta os números em ordem crescente.

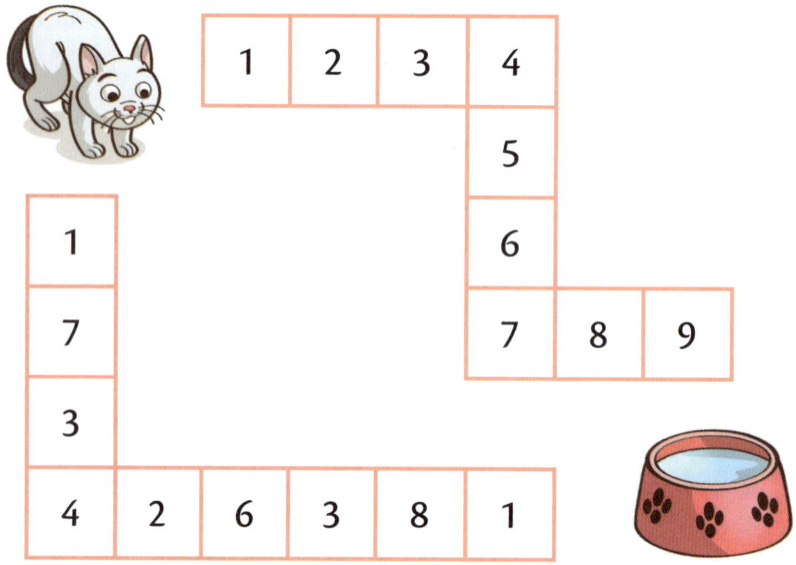

Unidade

Lucas e Alice estão brincando com cubos.

4 cubos = 4 elementos = 4 unidades

Cada (cubo) representa 1 unidade.

Observe:

4 elementos

4 unidades

Unidades
IIII
4 → quatro

Atividade

1 Conte as unidades e escreva a quantidade no quadro valor de lugar. Depois, escreva por extenso o número formado. Observe o exemplo.

a)

3 elementos

3 unidades

Unidades
III
3 → três

b) 

_____ elementos

_____ unidades

Unidades
|||||
_____

→ _____

c) 

_____ elemento

_____ unidade

Unidades
|
_____

→ _____

d) 

_____ elementos

_____ unidades

Unidades
||||||
_____

→ _____

e) 

_____ elementos

_____ unidades

Unidades
|||||||||
_____

→ _____

f) 

_____ elementos

_____ unidades

Unidades
|||||||
_____

→ _____

g) 

_____ elementos

_____ unidades

Unidades
||
_____

→ _____

Dezena – número 10

Agora são dez (10)!
Nove (9) cubos.

10 elementos
10 unidades

<table>
<tr><th>Dezenas</th><th>Unidades</th></tr>
<tr><td>| ←</td><td>||||||||||</td></tr>
<tr><td>1</td><td>0</td></tr>
</table>

10 ⟶ dez

Toda vez que tivermos **10 elementos** na ordem das unidades, podemos transformá-los em **1 dezena** transferindo esses elementos da ordem das unidades para a ordem das dezenas.

Atividades

1 Conte 10 joaninhas e pinte-as.

2 Complete a cantiga com os números que faltam e cante-a.

1, ______, ______ indiozinhos

______, 5, ______ indiozinhos

______, ______, 9 indiozinhos

______ no pequeno bote.

Iam navegando pelo rio abaixo
Quando um jacaré se aproximou
E o pequeno bote dos indiozinhos
Quase, quase virou.

Cantiga.

3 Ligue os pontos em ordem crescente para formar o bote dos indiozinhos.

Escrita dos números até 10

Saisnaps/Shutterstock.com

Observe a escrita do nome dos números:

0	zero
1	um
2	dois
3	três
4	quatro
5	cinco

6	seis
7	sete
8	oito
9	nove
10	dez

Atividades

1. Conte os pontos de cada dominó e escreva o número por extenso.

a) 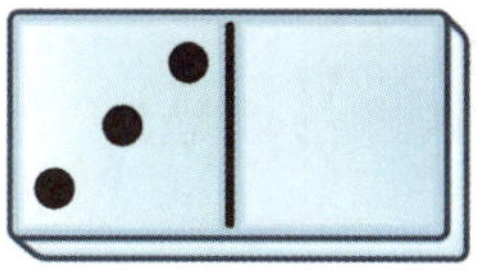

____

b) 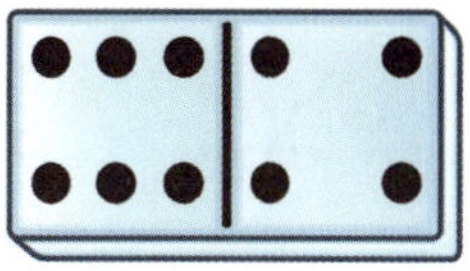

____

c) 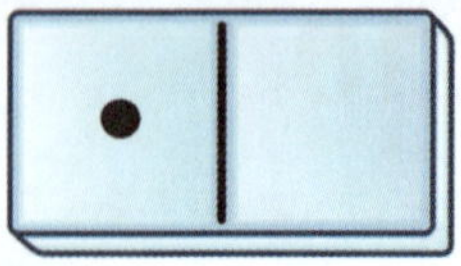

____

d) 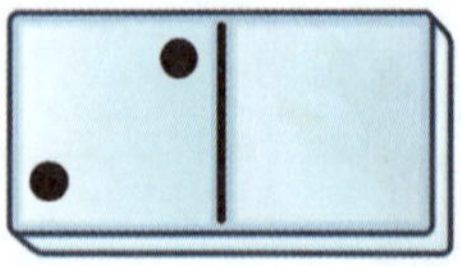

____

e) 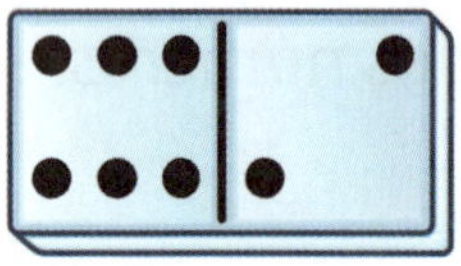

____

f) 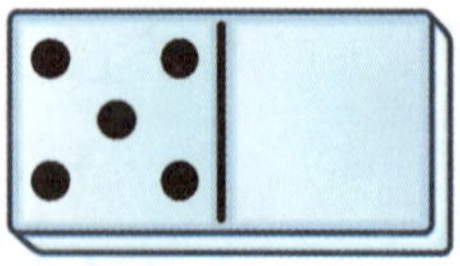

____

g) 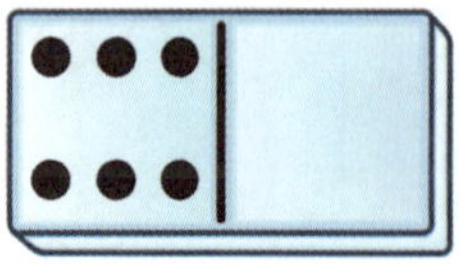

____

h) 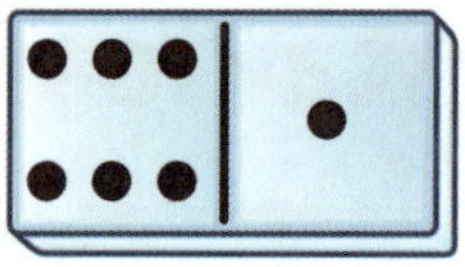

____

i) 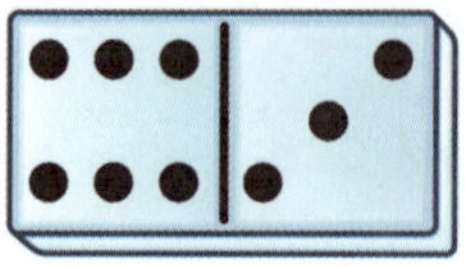

____

j) 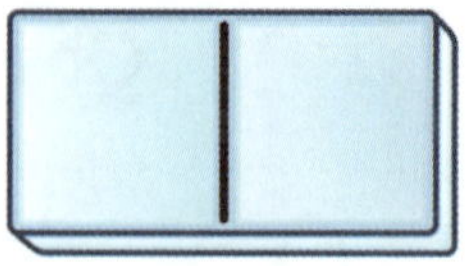

____

k) 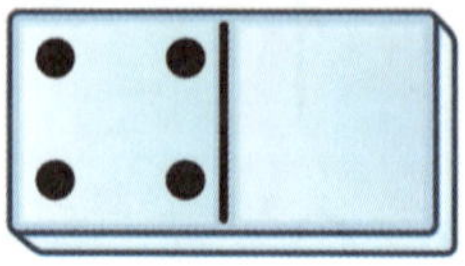

____

2 Encontre no diagrama a escrita dos números de 1 a 10.

D	U	W	S	E	T	E	N	Ê
O	M	Q	U	A	T	R	O	O
I	Ê	B	T	R	Ê	S	V	I
S	X	S	E	I	S	W	E	T
D	E	Z	Q	C	I	N	C	O

Dezena e meia dezena

Uma dezena de pães, por favor.
10 pães

O conjunto de **10 unidades** é igual a **uma dezena**.
O conjunto de **5 unidades** é igual a **meia dezena**.

Atividades

1 Pinte meia dezena de pães.

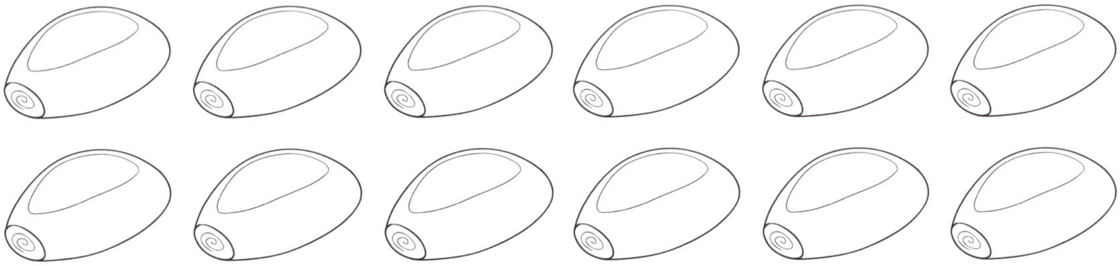

2 Desenhe mais lápis até formar uma dezena.

3 Circule a galinha que tem meia dezena de filhotes e escreva o número no quadrinho.

4 Escreva o número corretamente. Use as palavras do quadro.

meia dezena – uma dezena

a) 10 ______________ **b)** 5 ______________

5 Marque um **X** nos conjuntos que unidos formam uma dezena de pregadores.

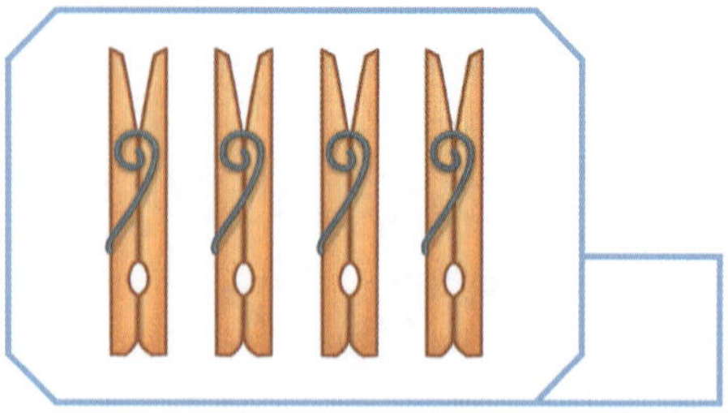

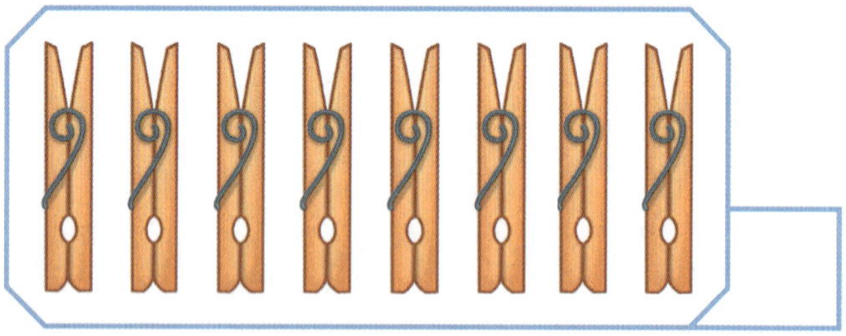

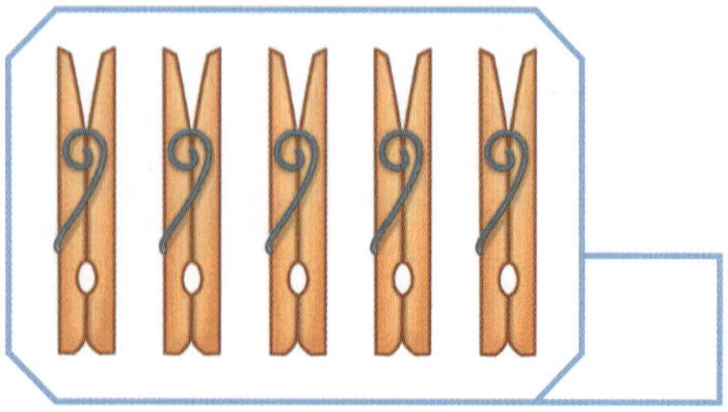

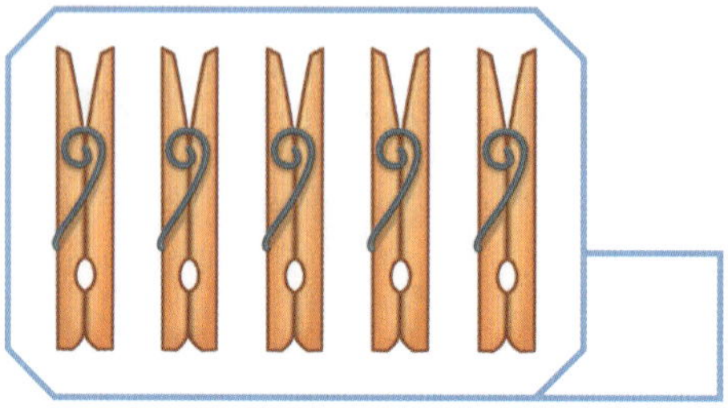

Trabalhando com sinais

Sinal de igual (=) e sinal de diferente (≠)

3 = 3 3 ≠ 2

Para indicar quantidades **iguais** é utilizado o sinal =.
Para indicar quantidades **diferentes** é utilizado o sinal ≠.

Atividades

1. Conte os elementos de cada conjunto, escreva o número correspondente e compare as quantidades utilizando os sinais = ou ≠.

a) 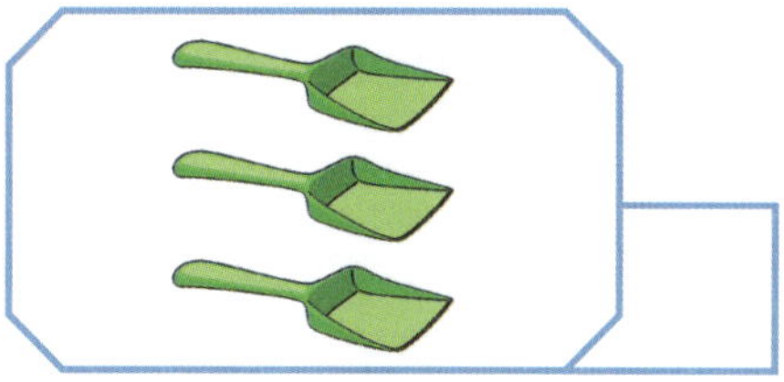 ____ 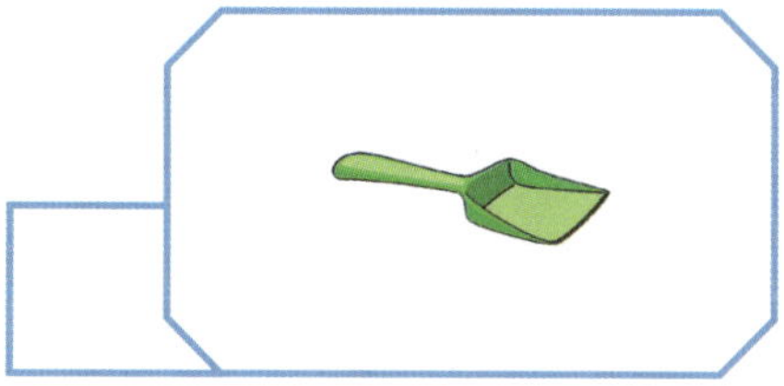

b)  ____ 

2 Faça desenhos nos conjuntos de modo que as sentenças fiquem corretas. Observe o sinal indicado.

a) $\neq$

b) $=$

c) $\neq$

3 Escreva um número em cada quadrinho. Depois, utilize o sinal de $=$ ou $\neq$ para comparar os números de cada item.

a) 9 ______ ☐

b) 5 ______ ☐

c) ☐ ______ 8

d) 3 ______ ☐

e) ☐ ______ 7

f) 4 ______ ☐

Sinal de menor que (<) e sinal de maior que (>)

$6 > 3$
Lê-se: 6 é **maior que** 3.

$2 < 5$
Lê-se: 2 é **menor que** 5.

Atividades

1 Conte e escreva a quantidade de quadrinhos de cada barrinha. Depois, complete as sentenças com o sinal de > ou <.

a) 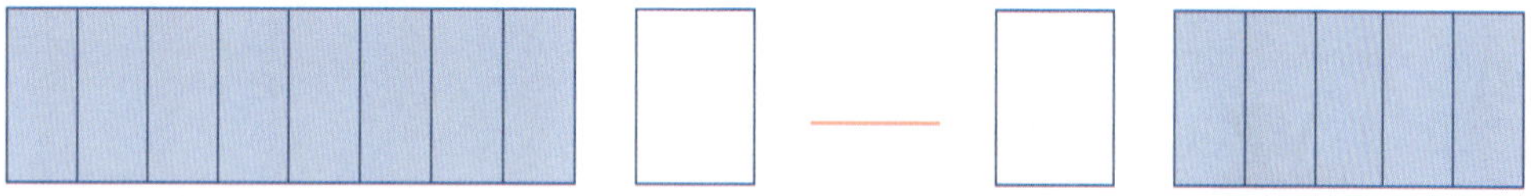

b) 

c) 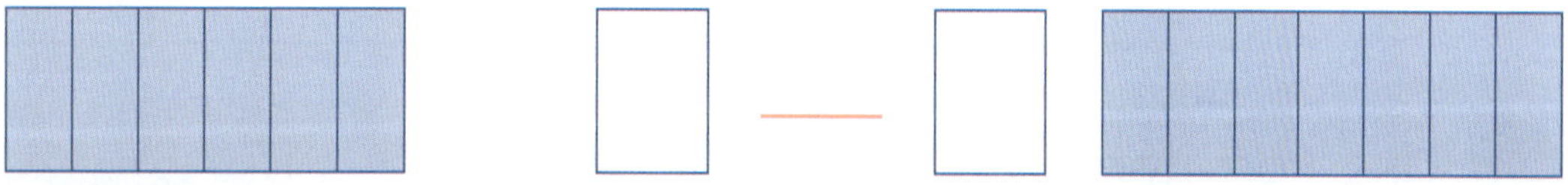

d) 

2 Quando necessário, faça desenhos nos conjuntos vazios de modo que as sentenças fiquem corretas.

a)

<

b)

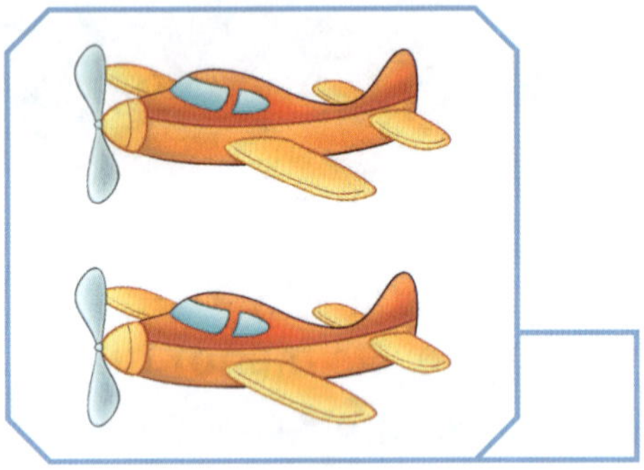

>

c)

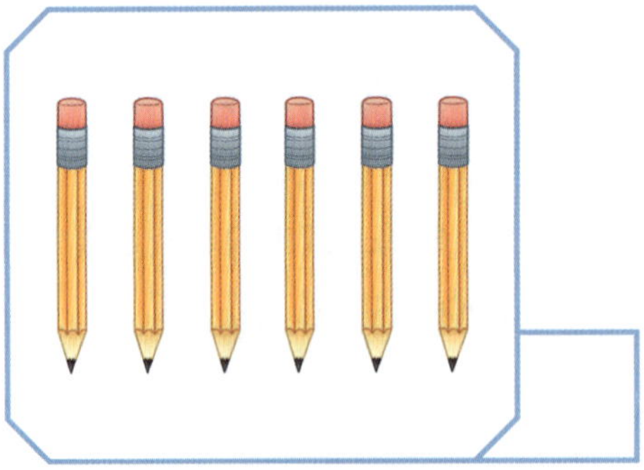

>

d)

<

3 Use corretamente o sinal de > ou <.

a) 2 ______ 7

b) 5 ______ 3

c) 8 ______ 9

d) 6 ______ 4

e) 1 ______ 8

f) 7 ______ 3

Sinal de pertence (∈) e sinal de não pertence (∉)

Esse cavalo não pertence ao meu conjunto de carros.
O cavalo pertence ao meu conjunto.

Em Matemática usamos o sinal ∈ para indicar que o elemento pertence ao conjunto.

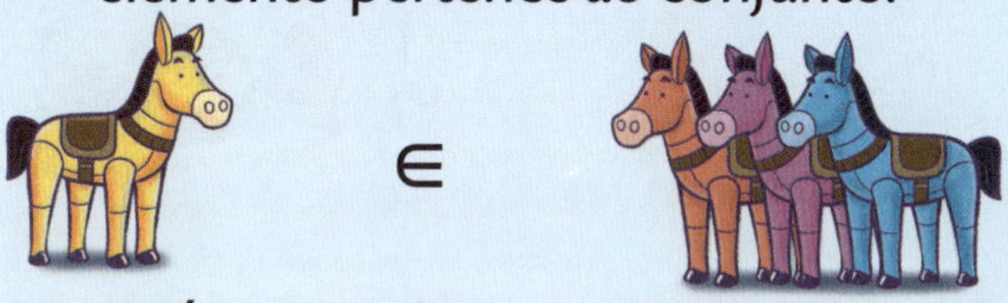

E usamos o sinal ∉ para indicar que o elemento não pertence ao conjunto.

Atividades

1 Pinte o elemento que não pertence (∉) ao conjunto.

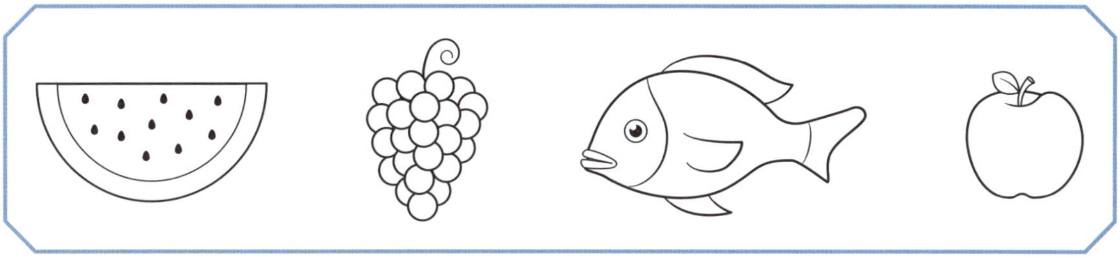

2 Use corretamente os sinais ∈ e ∉.

a) ______ = não pertence a   **b)** ______ = pertence a

3 Observe os conjuntos e coloque o sinal de ∈ ou ∉.

a)  ______ B

b)  ______ A

c)  ______ A

d)  ______ B

e)  ______ A

f)  ______ B

g)  ______ A

h)  ______ B

Sinal de união (U)

Utilizamos o sinal **U** para unir dois ou mais conjuntos em um só.

Vamos unir os dois aquários em um só!

 U  = 

Atividade

1. Utilize o sinal **U** e desenhe os elementos no conjunto vazio para demonstrar a união dos dois conjuntos.

a)

 ____  = 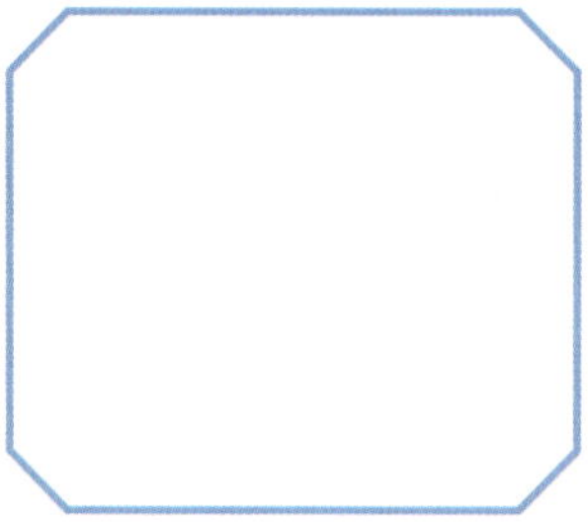

b)  −  =

c) 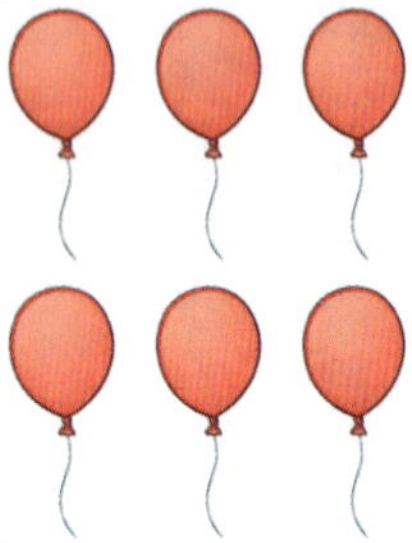 −  =

d)  −  =

e) 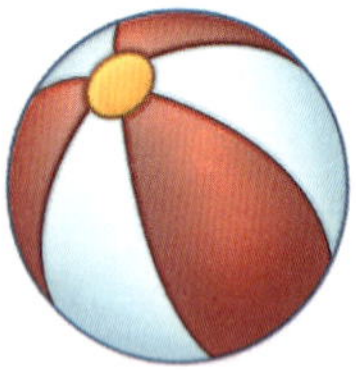 − 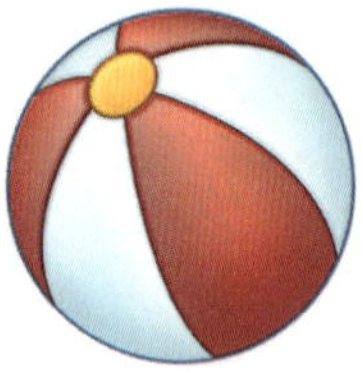 =

f)  −  =

Sistema de numeração decimal até o 20

Observe:

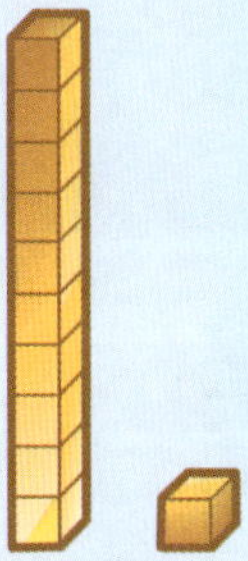

<table>
<tr><th>Dezenas</th><th>Unidades</th></tr>
<tr><td>| ←</td><td>(||||||||||) |</td></tr>
<tr><td>1</td><td>1</td></tr>
</table>

11 ⟶ onze

... 11 – 12 – 13 – 14 – 15 – 16 – 17 – 18 – 19 – 20...

Atividades

1 Conte as unidades e represente a quantidade no quadro valor de lugar. Depois, escreva por extenso o número formado. Veja o exemplo.

a)

<table>
<tr><th>Dezenas</th><th>Unidades</th></tr>
<tr><td>|</td><td>||</td></tr>
<tr><td>1</td><td>2</td></tr>
</table>

= doze

= doze

b)

<table>
<tr><th>Dezenas</th><th>Unidades</th></tr>
<tr><td></td><td></td></tr>
<tr><td>______</td><td>______</td></tr>
</table>

= treze

= ______________

c) 

Dezenas	Unidades

= catorze

= ____________

d) 

Dezenas	Unidades

= quinze

= ____________

e) 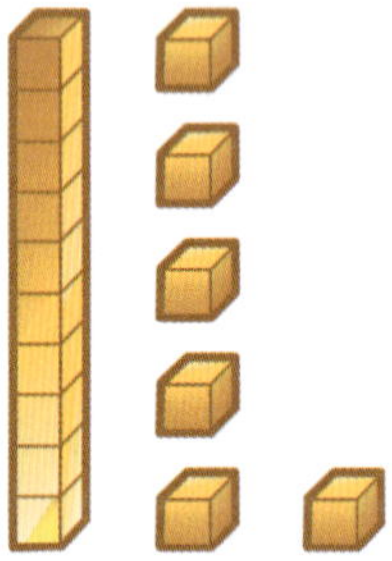

Dezenas	Unidades

= dezesseis

= ____________

f) 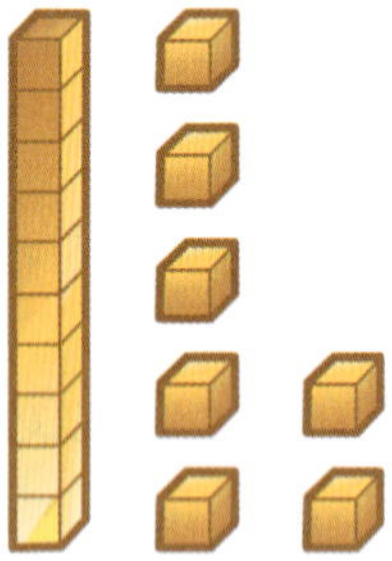

Dezenas	Unidades

= dezessete

= ____________

g) 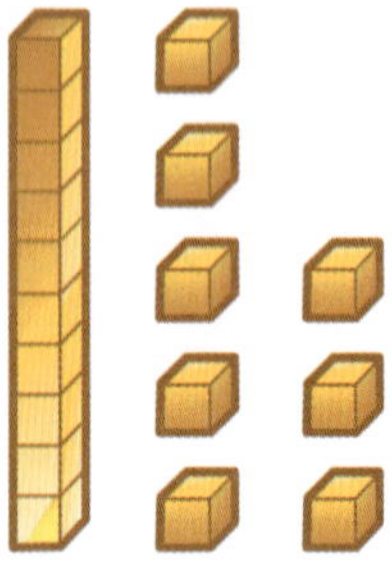

Dezenas	Unidades

= dezoito

= ____________

h) 

Dezenas	Unidades

= dezenove

= ____________

i) 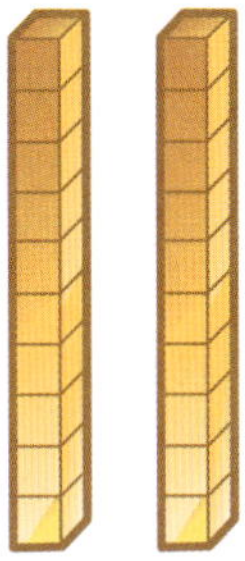

Dezenas	Unidades

= vinte

= ____________

2 Complete a sequência numérica do 1 ao 20.

1 _____ 3 _____ _____ _____ 7 _____ _____ _____ _____

12 _____ _____ _____ _____ 17 _____ _____ _____

3 Conte as frutas e escreva o número correspondente:

4 Organize os números a seguir em ordem decrescente.

15 – 0 – 6 – 10 – 20 – 18 – 4 – 9 – 2 – 19 – 3
14 – 1 – 11 – 5 – 12 – 7 – 16 – 8 – 13 – 17

_____
_____
_____

5 Organize as sílabas e escreva o nome do número.

a) 15
ze - quin

b) 12
ze - do

c) 20
te - vin

d) 19
no - ve - ze - de

e) 11
ze - on

f) 13
ze - tre

g) 14
ca - ze - tor

h) 18
zoi - to - de

i) 17
zes - te - de - se

j) 16
seis - zes - de

Adição

Vamos cantar

Sete e sete são catorze, sereia!
Com mais sete vinte e um, sereia!
Tenho sete namorados, sereia!
Só posso casar com um, oh sereia!

Cantiga.

Adição é a operação que junta quantidades ou acrescenta uma quantidade à outra. O sinal de adição é o + (mais).

Observe a imagem:

Quantas maçãs e quantas bananas há na cesta?

3

3

Quantas frutas há no total?

No total há 6 frutas.

Atividade

1 Observe as imagens e calcule.

a) Júlia colocou em seu pratinho  e .

Quantos:

 ? ☐

 ? ☐

No total são _____ doces.

b) Rita fez a mala e colocou  e .

Quantas:

 ? ☐

 ? ☐

No total são _____ peças de roupas.

c) Miguel ganhou ,  e .

Quantos:

 ? ☐

 ? ☐

 ? ☐

No total são _____ brinquedos.

Revisando tudo o que foi estudado

1 Pinte as flores semelhantes.

2 Caio e Felipe moram no mesmo prédio. Caio mora no andar mais alto. Circule-o de vermelho. Felipe mora no andar mais baixo. Circule-o de azul.

3 Pinte o pião que está perto do menino e faça um **X** no pião que está mais distante dele.

4 Desenhe um rabo curto na égua e um rabo mais comprido no cavalo.

5 Clara ganhou dois ursinhos de pelúcia. Resolveu ficar com o maior e dar o menor à sua irmã. Pinte o ursinho que ficará com Clara.

6 Desenhe uma pulseira no braço esquerdo da menina e um anel no dedo da mão direita.

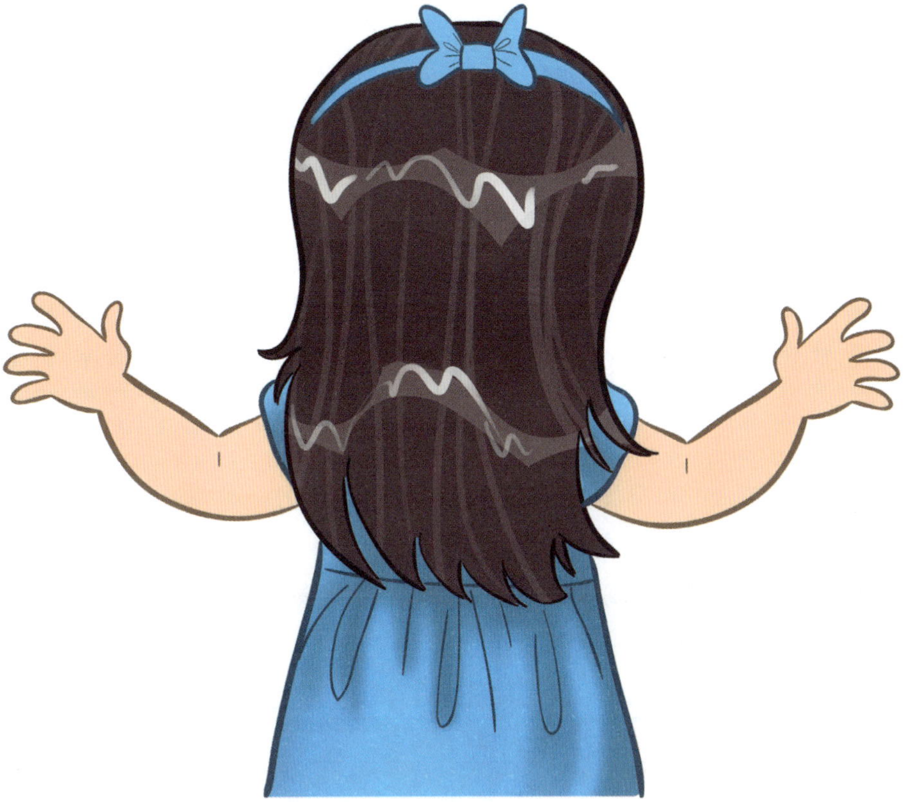

7 Pinte as figuras planas de acordo com a legenda.

círculo quadrado retângulo triângulo

8 Escreva os vizinhos dos números a seguir.

a) ______ 5 ______

b) ______ 14 ______

c) ______ 1 ______

d) ______ 10 ______

e) ______ 19 ______

f) ______ 8 ______

9 Faça uma linha curva aberta em volta da borboleta e uma linha curva fechada em volta do coelho.

10 Escreva o número que fica entre os indicados em cada vagão.

11 Classifique os conjuntos em **vazio** ou **unitário**.

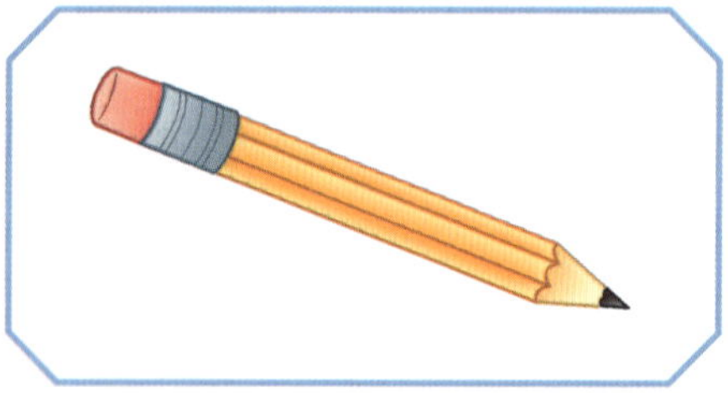

a) ____________________ b) ____________________

12 Utilize os sinais > (maior que) e < (menor que) para comparar os números a seguir.

a) 3 ______ 9
c) 10 ______ 18
e) 20 ______ 19
b) 6 ______ 5
d) 7 ______ 1
f) 14 ______ 11

13 Use os sinais ∈ ou ∉ corretamente.

A

B

a)  ______ B

b)  ______ B

c)  ______ A

d)  ______ B

e)  ______ A

f)  ______ A

14 Conte os elementos de cada conjunto, escreva o número correspondente e compare as quantidades utilizando os sinais = ou ≠.

a)  ______ 

b)  ______ 

15 Observe a ordem em que o menino está contando e complete a frase com **crescente** ou **decrescente**.

- O menino está contando em ordem ______________________.

16 Represente os números no quadro valor de lugar.

a) 5

Dezenas	Unidades

b) 20

Dezenas	Unidades

c) 10

Dezenas	Unidades

d) 19

Dezenas	Unidades

17 Ordene as letras e escreva o nome dos números.

a) 8 = OTOI ______________

b) 13 = ETRZE ______________

c) 18 = ZOITODE ______________

18 Ajude o cão a chegar à casinha seguindo o caminho que apresenta os números em ordem crescente do 1 ao 20.

Problemas de adição

1 Resolva as situações-problema.

a) Júlia jogou os dados. Quantos pontos ela fez?

_____ + _____ = _____

b) Tainá colocou 5 rosas no vaso e Flávia colocou 1 margarida. No total, quantas flores elas colocaram no vaso?

_____ + _____ = _____

c) Tina colocou na vasilha 3 biscoitos para seu cão. Matias colocou mais 2 biscoitos. Qual é o total de biscoitos na vasilha?

_____ + _____ = _____

d) Artur e Lara estão jogando varetas. Artur pegou 4 varetas vermelhas, e Lara 4 varetas verdes. Quantas varetas os dois pegaram juntos?

_____ + _____ = _____

e) Diogo e Lucas fizeram castelos de areia. Diogo fez 2, e Lucas também fez 2. Quantos castelos eles fizeram no total?

_____ + _____ = _____

Sistema de numeração decimal até o 29

20 elementos formam 2 dezenas

Dezenas	Unidades
| ←	(||||||||||)
| ←	(||||||||||)
2	0

20 ⟶ vinte

... 20 – 21 – 22 – 23 – 24 – 25 – 26 – 27 – 28 – 29...

Atividades

1 Conte as unidades e represente a quantidade no quadro valor de lugar. Depois, escreva por extenso o número formado. Veja o exemplo.

a)

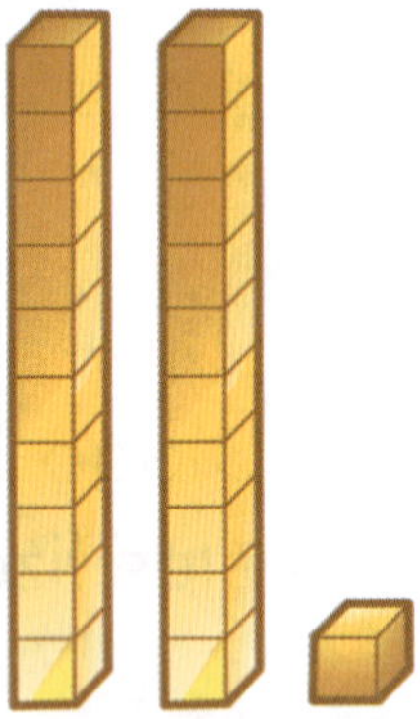

Dezenas	Unidades
||	|
2	1

vinte e um

b)

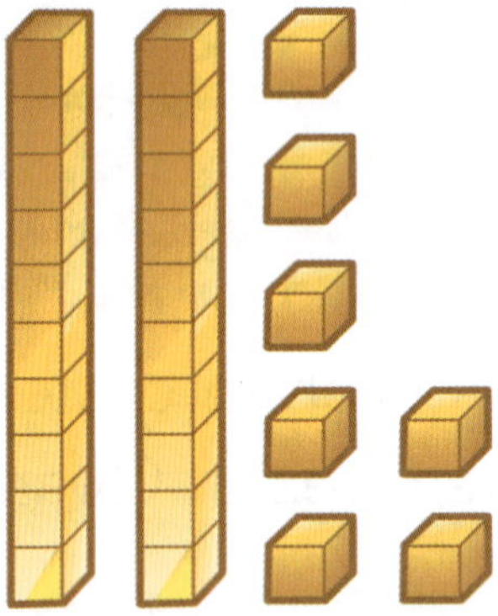

Dezenas	Unidades

c)

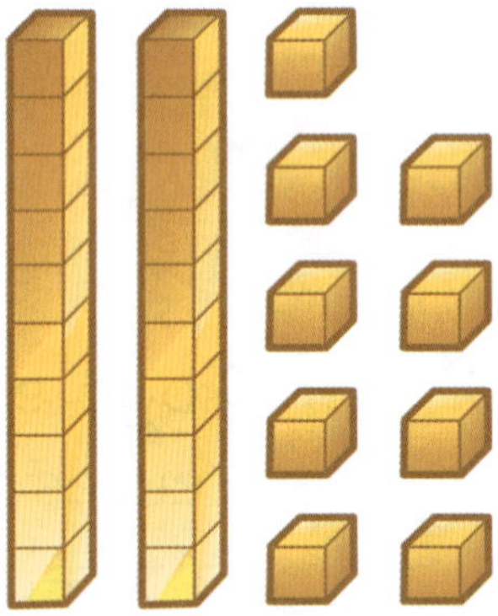

Dezenas	Unidades

d) 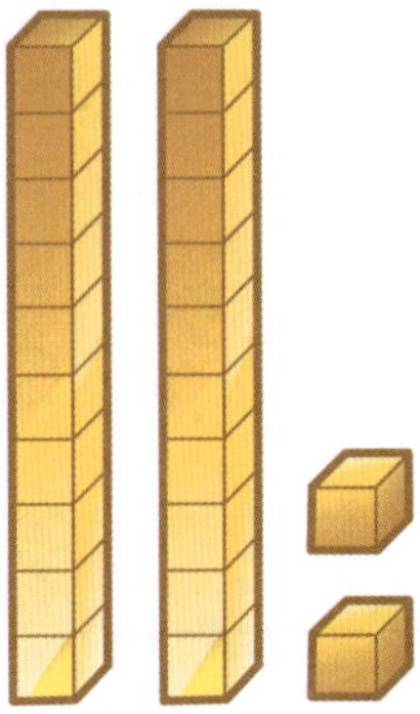

Dezenas	Unidades

e) 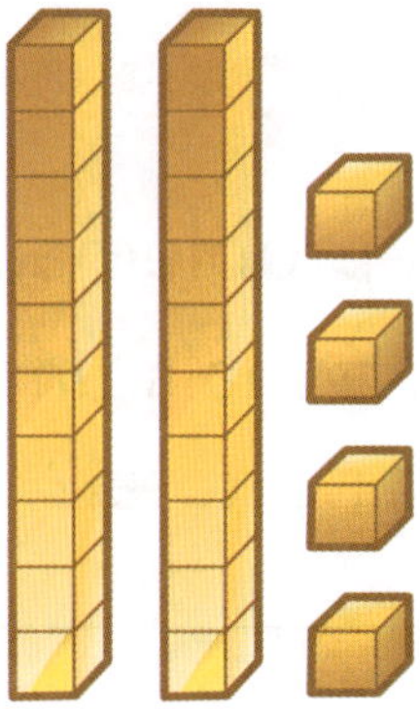

Dezenas	Unidades

f) 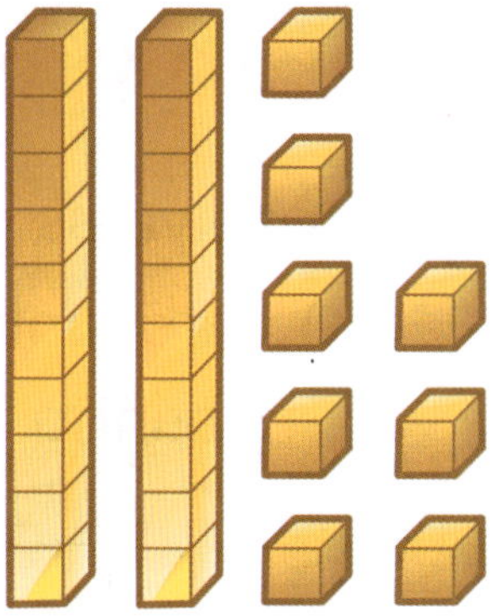

Dezenas	Unidades

2 Escreva o número que fica entre os indicados a seguir.

a) 20 ______ 22

b) 27 ______ 29

c) 25 ______ 27

d) 23 ______ 25

e) 21 ______ 23

f) 26 ______ 28

3 Leia os números por extenso e escreva-os com algarismos.

a) vinte e três ______

b) vinte e seis ______

c) vinte e cinco ______

d) vinte e nove ______

4 Complete a régua com os números que estão faltando.

Problemas de adição

1 Resolva as situações-problema.

a) Cebolinha colocará mais um patinho no lago. Quantos patinhos vão ficar no total?

© Mauricio de Sousa Editora Ltda.

_____ + _____ = _____

b) Murilo e Camila pegaram conchinhas na praia. Quantas conchinhas eles pegaram no total?

_____ + _____ = _____

2 Calcule os pontos dos dados.

a) 

_____ + _____ = _____

b) 

_____ + _____ = _____

c) 

_____ + _____ = _____

d) 

_____ + _____ = _____

e) 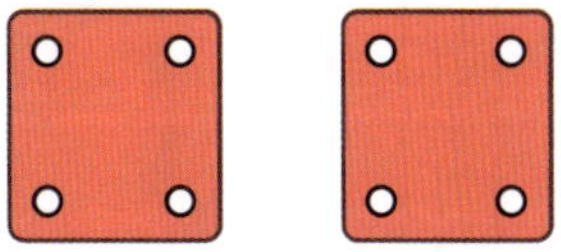

_____ + _____ = _____

f) 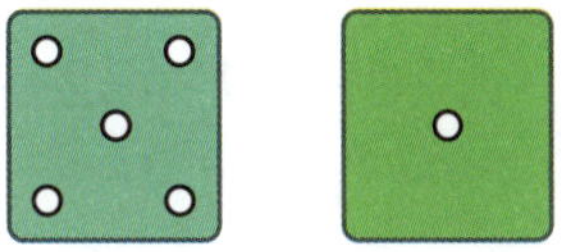

_____ + _____ = _____

3 Pinte o quadro com o resultado correto da adição.

a) 5 + 0

8 | 5 | 6

b) 1 + 9

10 | 11 | 15

c) 3 + 4

6 | 9 | 7

d) 2 + 6

10 | 8 | 9

e) 7 + 2

8 | 1 | 9

f) 3 + 3

9 | 6 | 15

Sistema de numeração decimal até o 39

30 elementos formam 3 dezenas

Dezenas	Unidades
I ←	(IIIIIIIIII)
I ←	(IIIIIIIIII)
I ←	(IIIIIIIIII)
3	0

30 ⟶ trinta

... 30 – 31 – 32 – 33 – 34 – 35 – 36 – 37 – 38 – 39...

Atividades

1 Complete o calendário do mês de abril com os números que faltam.

D	S	T	Q	Q	S	S
1	2	____	____	____	____	____
____	____	10	11	____	____	____
____	____	____	____	19	____	21
22	____	____	____	____	27	____
____	____					

2 Leia os números por extenso e escreva-os com algarismos.

a) trinta e cinco ____________

b) trinta e dois ____________

c) trinta e nove ____________

d) trinta e um ____________

3 Conte e pinte 30 flores neste arbusto.

4 Escreva o número que fica entre os indicados em cada vagão.

5 Conte as unidades e represente a quantidade no quadro valor de lugar. Depois, escreva por extenso o número formado.

a) 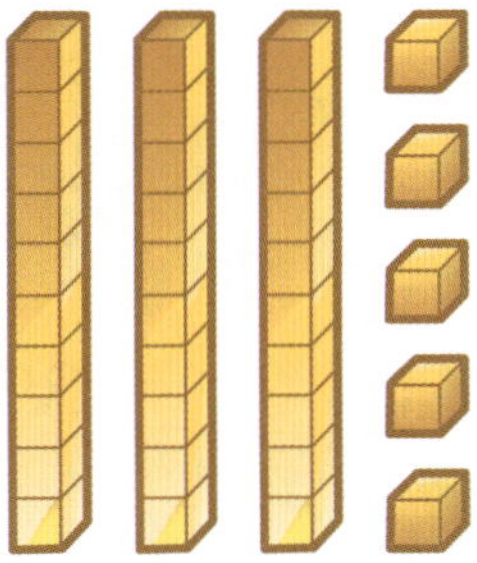

Dezenas	Unidades

b) 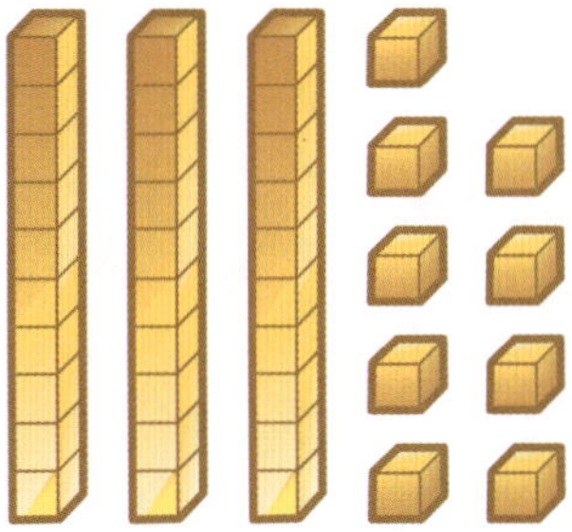

Dezenas	Unidades

c) 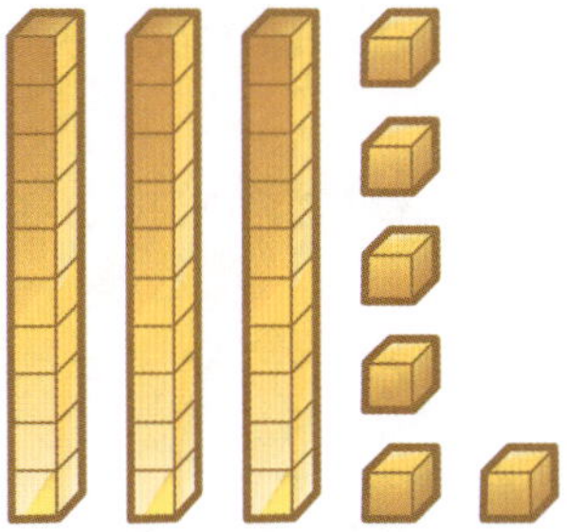

Dezenas	Unidades

d) 

Dezenas	Unidades

____

e) 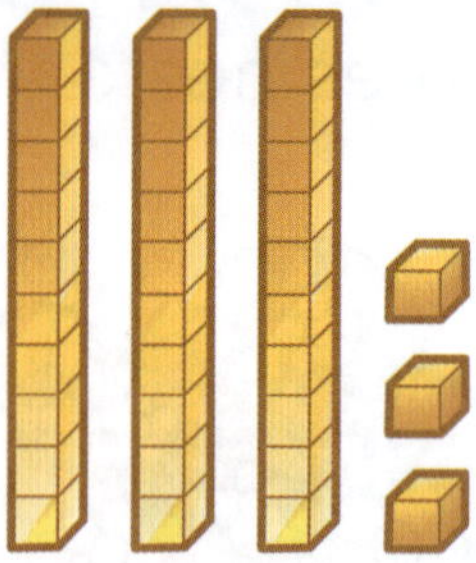

Dezenas	Unidades

____

f) 

Dezenas	Unidades

____

6 Complete a régua com os números que estão faltando.

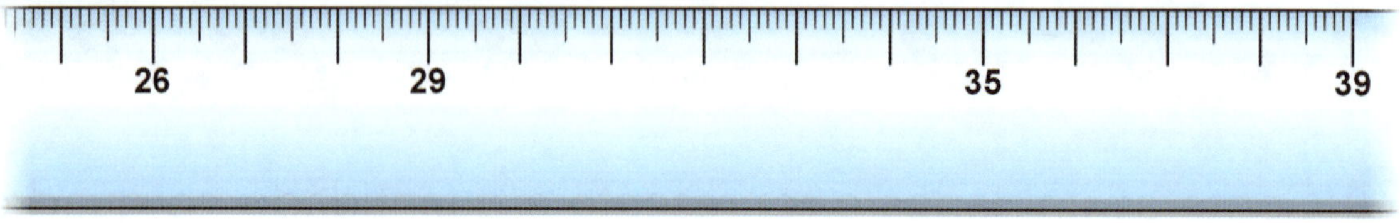

7 Leia os números e faça a correspondência.

a) trinta e quatro •	• 38
b) trinta e nove •	• 31
c) trinta e seis •	• 39
d) trinta e um •	• 34
e) trinta e oito •	• 36
f) trinta •	• 29
g) vinte e nove •	• 22
h) vinte e dois •	• 30

Números pares e números ímpares

Par

Um número é **par** quando seus elementos podem ser agrupados de dois em dois e não sobra nenhum.

Vamos cantar

Ai bota aqui, ai bota aqui o seu pezinho
O seu pezinho bem juntinho com o meu
E depois não vai dizer
Que você se arrependeu.

Cantiga.

Todos os números terminados em **0, 2, 4, 6** e **8** são **pares**.

Atividade

1 É hora de dançar na festa da bicharada! Circule os animais formando pares. Depois, indique a quantidade de animais e marque um **X** nos números pares.

cachorros ☐ patos ☐ gatos ☐

cavalos ☐ ovelha ☐ coelhos ☐

Ímpar

Um número é **ímpar** quando seus elementos podem ser agrupados de dois em dois e sobram elementos.

Todos os números terminados em **1, 3, 5, 7** e **9** são **ímpares.**

Atividades

1 Em cada conjunto, circule os animais formando pares. Depois, escreva o número total de elementos e pinte os números ímpares.

a)

d)

g)

b)

e)

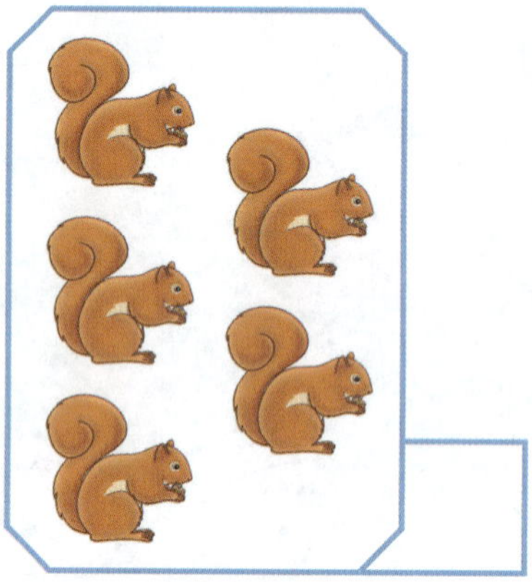

h)

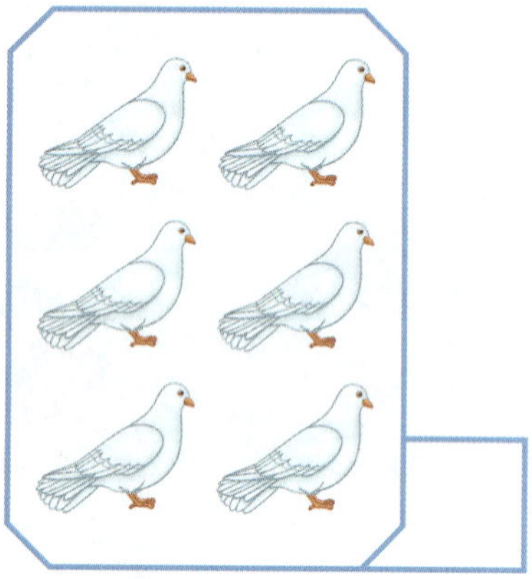

c)

f)

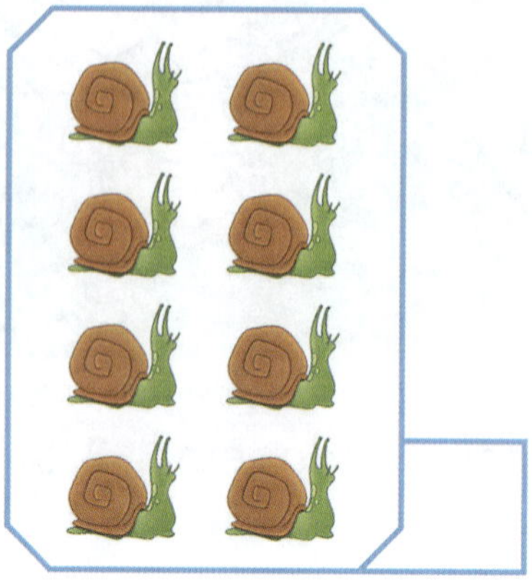

i)

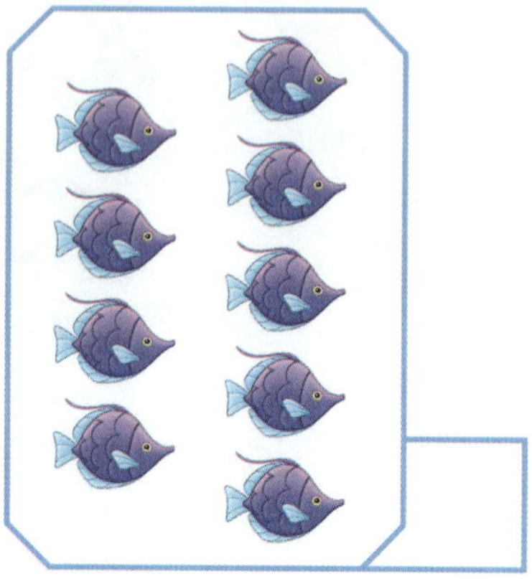

2 Lilian e Ana disputam quem iniciará o jogo. Ana ganhou. Pinte o cabelo dela de preto.

3 Igor pode pisar apenas nos números ímpares. Complete os pulos que ele fará.

4 José e Marta estão jogando botões. O time de José é formado pelos botões de números pares, e o de Marta pelos botões de números ímpares. Pinte os botões de cada criança da mesma cor da camisa dela.

Agora, organize os times em ordem crescente.

a) Números pares: ______________________________.

b) Números ímpares: ____________________________.

5 Circule as cartas com numeração ímpar.

Problemas de adição

Vamos cantar

Se eu fosse um peixinho
E soubesse nadar
Eu tirava o Paulo
Do fundo do mar.

Cantiga.

Atividades

1 Observe a cena que ilustra o texto e responda às questões.

a) Quantas crianças estão brincando de roda?

____

b) Paulo vai entrar na roda. Quantas crianças ficarão na roda?

____

c) E quando Teca e Rose entrarem, quantas crianças formarão essa roda?

____

2 Resolva as adições. Veja o exemplo.

a) 1 + 1 = 2

b) ____ + ____ = ____

c) ____ + ____ = ____

d) ____ + ____ = ____

3 Ligue as adições à resposta correta.

a)	3 + 5	7
b)	1 + 6	9
c)	9 + 0	8

d)	4 + 5	5
e)	5 + 5	10
f)	1 + 4	9

4 Observe com atenção outra maneira de fazer uma adição e continue a atividade.

1 + 7 = 8 ou

$$\begin{array}{r} 1 \\ +\ 7 \\ \hline 8 \end{array}$$

a) $\begin{array}{r} 3 \\ +\ 2 \\ \hline \_\_\_ \end{array}$

b) $\begin{array}{r} 6 \\ +\ 0 \\ \hline \_\_\_ \end{array}$

c) $\begin{array}{r} 4 \\ +\ 4 \\ \hline \_\_\_ \end{array}$

d) $\begin{array}{r} 5 \\ +\ 0 \\ \hline \_\_\_ \end{array}$

Números ordinais

Os números ordinais indicam a ordem ou a posição de uma pessoa ou de um objeto em uma sequência.

Observe:

Bruno está no 1º lugar.

Sua família está sentada no 2º degrau da arquibancada.

Conheça alguns ordinais:

1º primeiro	6º sexto
2º segundo	7º sétimo
3º terceiro	8º oitavo
4º quarto	9º nono
5º quinto	10º décimo

Atividades

1 Termine de numerar os degraus da escada e descubra em qual degrau Mimi está.

Mimi está no _____ degrau.

2 Na largada da corrida, Yuri é o 3º colocado. Encontre-o e circule-o. A irmã dele também está na corrida, ela é a 5ª colocada. Marque-a com um **X**.

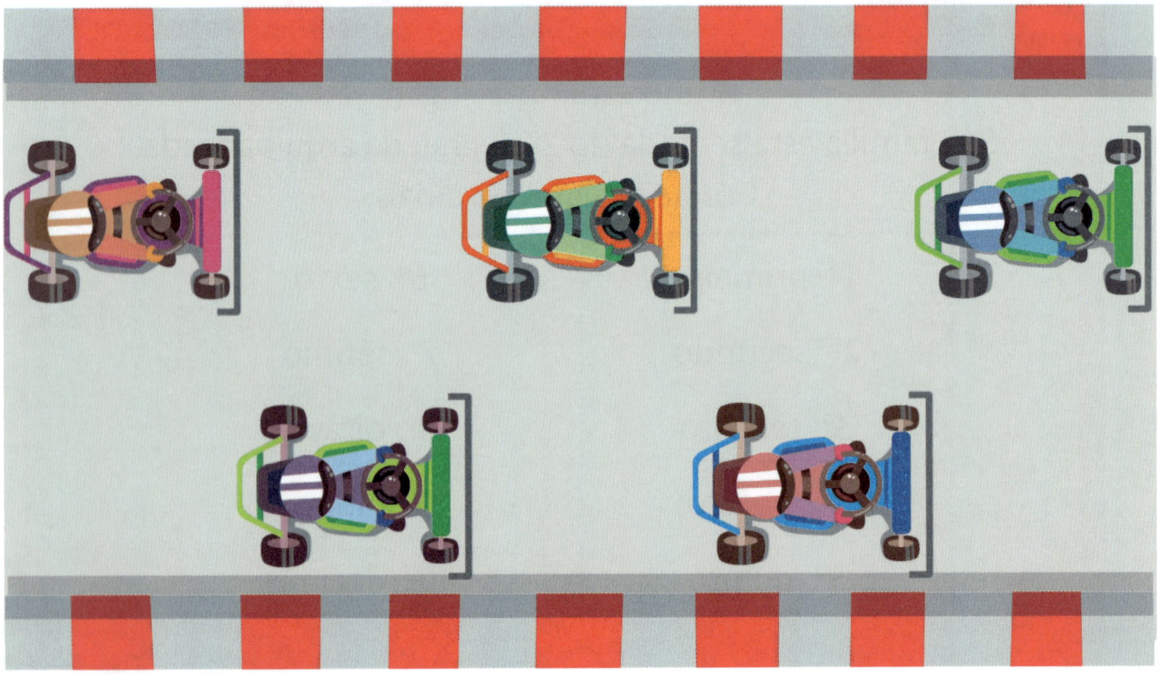

3 Observe a cena. Depois, numere os animais na ordem em que aparecem nela.

 ☐  ☐  ☐  ☐

4 Leia os nomes e escreva o número correspondente.

a) oitavo ☐

b) décimo ☐

c) segundo ☐

d) quarto ☐

e) primeiro ☐

f) quinto ☐

g) nono ☐

h) sexto ☐

i) terceiro ☐

j) sétimo ☐

5 Escreva por extenso a colocação dos atletas a seguir.

6 Desenhe um vaso com flor na 2ª mesa.

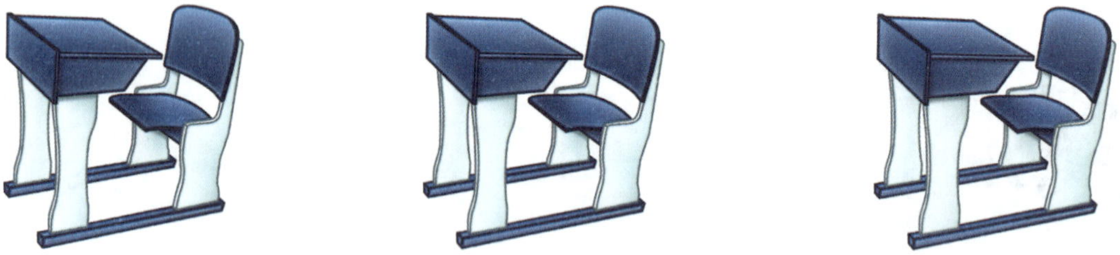

7 Pinte de marrom o cabelo da 5ª criança na fila.

Sistema de numeração decimal até o 49

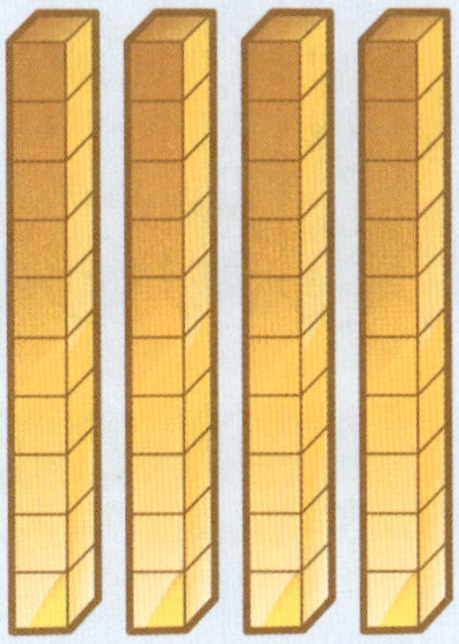

40 unidades formam 4 dezenas

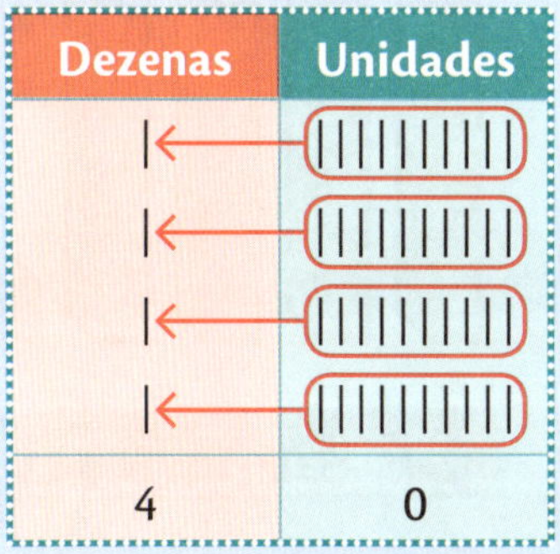

40 ⟶ quarenta

... 40 – 41 – 42 – 43 – 44 – 45 – 46 – 47 – 48 – 49...

Atividades

1 Conte as unidades e represente a quantidade no quadro valor de lugar. Depois, escreva por extenso o número formado.

a)

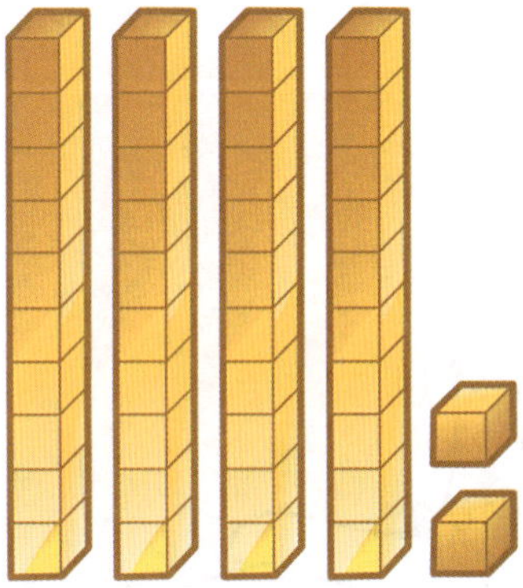

Dezenas	Unidades

____

b)

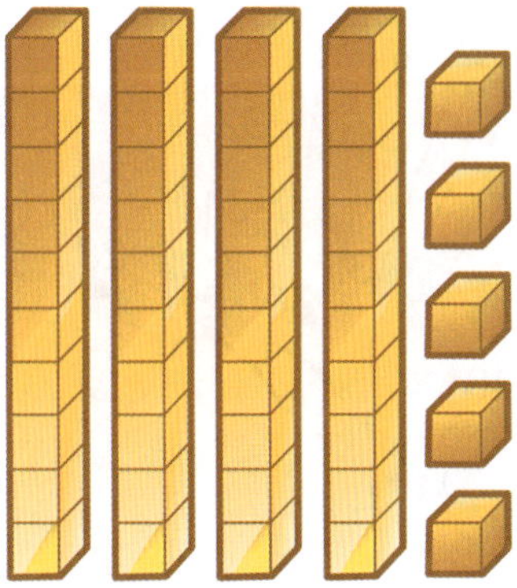

Dezenas	Unidades

____

c) 

Dezenas	Unidades

d) 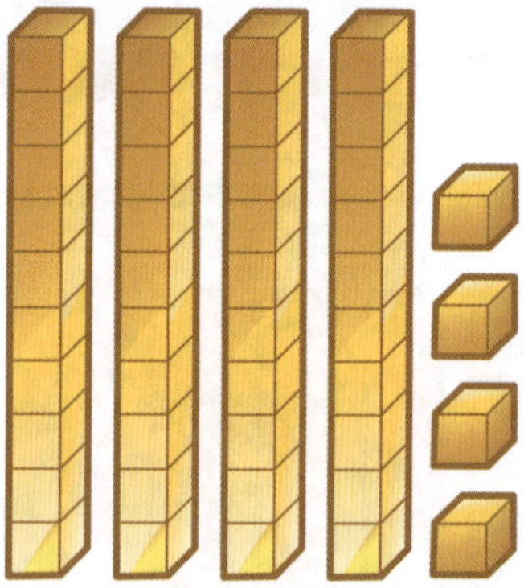

Dezenas	Unidades

2 Ligue os pontos seguindo os números do 10 até o 49 e descubra a figura.

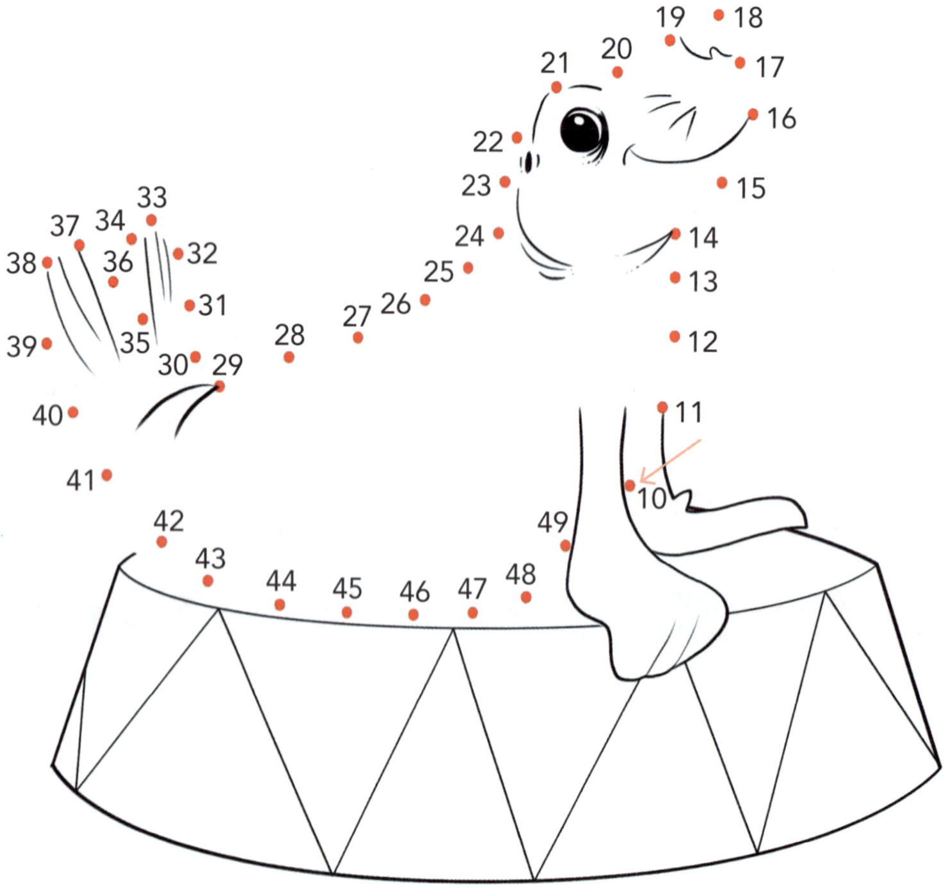

Qual é a soma?

Atividades

1 Observe o exemplo e continue somando.

a)    

1 + 4 + 1 = 6

b)    

_____ + _____ + _____ = _____

c)    

_____ + _____ + _____ = _____

2 Calcule as adições. Depois, pinte os resultados com a mesma cor da adição.

a) 3 + 3 | 10

b) 7 + 0 | 6

c) 2 + 8 | 7

3 Desenhe bolinhas na quantidade necessária para chegar ao total.

a) 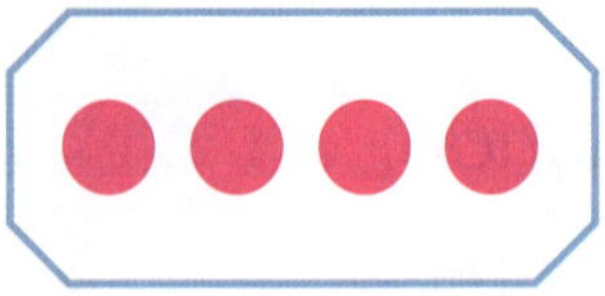

4 + ____ = 10

b) 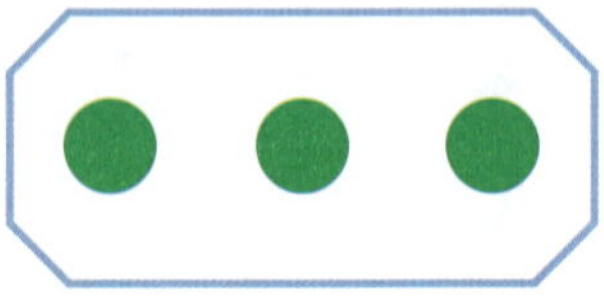

3 + ____ = 5

c) 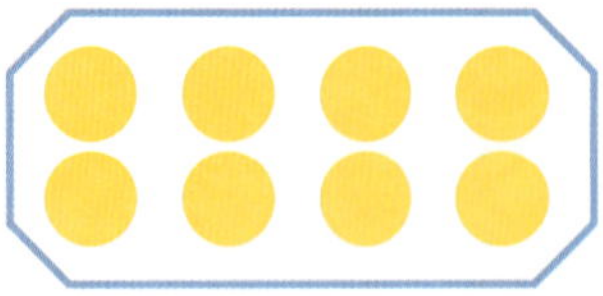

8 + ____ = 9

d) 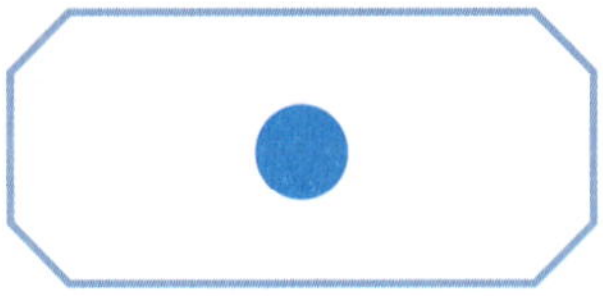

1 + ____ = 7

e)

0 + ____ = 3

4 Calcule as adições.

a) $\begin{array}{r} 1 \\ +\ 1 \\ \hline \_\_\_ \end{array}$

b) $\begin{array}{r} 4 \\ +\ 0 \\ \hline \_\_\_ \end{array}$

c) $\begin{array}{r} 5 \\ +\ 5 \\ \hline \_\_\_ \end{array}$

d) $\begin{array}{r} 7 \\ +\ 1 \\ \hline \_\_\_ \end{array}$

Sequência numérica de 2 em 2

Podemos organizar os números de 2 em 2.
Observe:

1 2 **3** 4 **5** 6 **7** 8 **9** 10 **11** 12 **13**

+2 +2 +2 +2 +2 +2

2 3 **4** 5 **6** 7 **8** 9 **10** 11 **12** 13 **14**

+2 +2 +2 +2 +2 +2

Atividades

1 Ligue os números de 2 em 2 e descubra um animal.

2 Leve Leo à patinete seguindo o caminho que apresenta uma sequência numérica de 2 em 2.

Nataliia Zhekova/Shutterstock.com

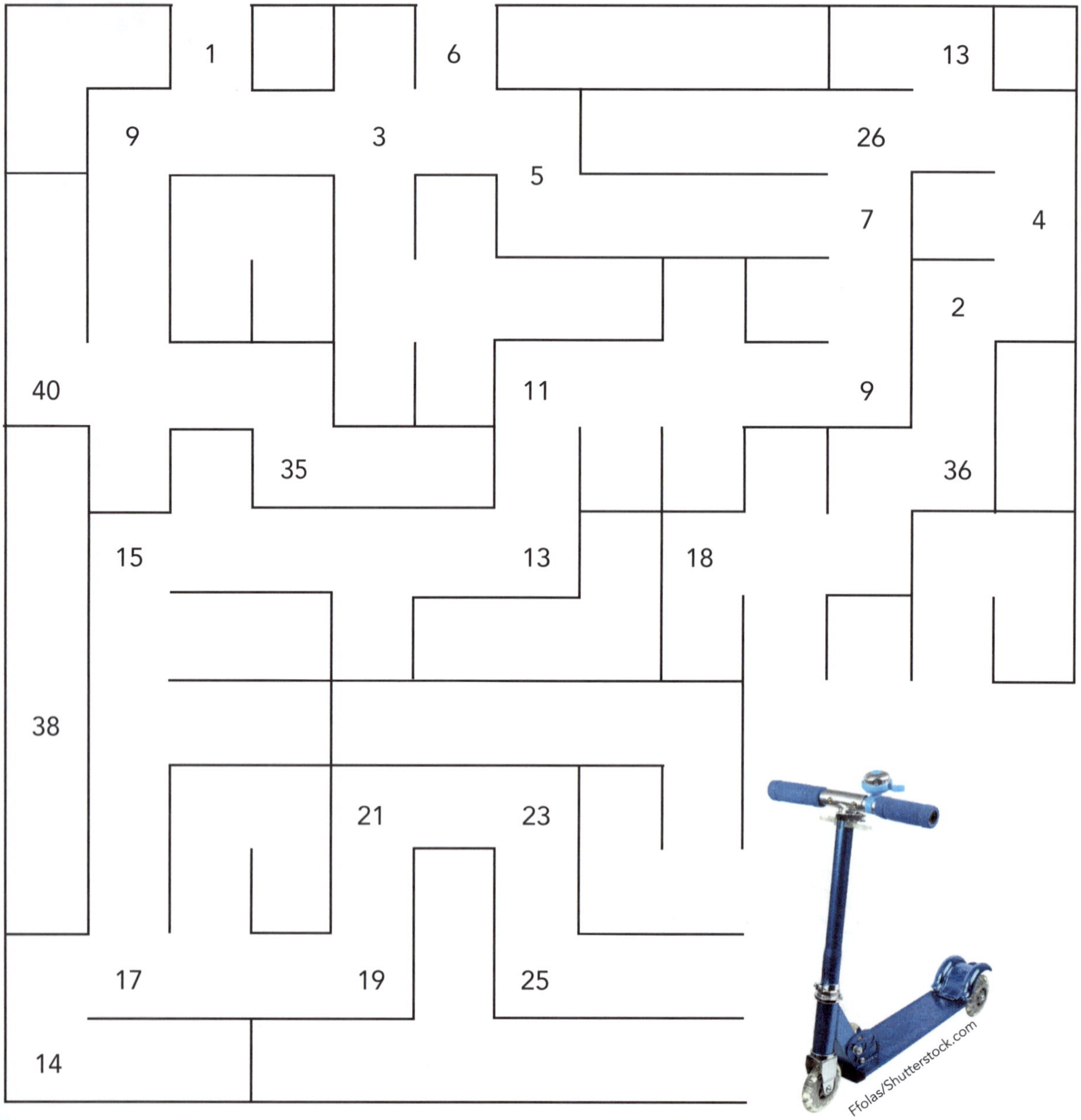

Ffolas/Shutterstock.com

Outras situações de adição

1 Pense, calcule e escreva o número que falta em cada adição.

a) 2 + ☐ = 2

b) 9 + ☐ = 10

c) 1 + ☐ = 2

d) 3 + ☐ = 4

e) 4 + ☐ = 6

f) 3 + ☐ = 5

2 Pinte o resultado correto das adições.

a) 1 + 1 + 1 =

(6) (3) (4)

b) 5 + 0 + 1 =

(7) (5) (6)

c) 2 + 2 + 4 =

(8) (10) (7)

3 Desafio! Somando as idades dos irmãos de Tina você descobre a idade dela.

Pedrinho	Mateus	Tina
1 ano	5 anos	______ anos

4 Conte as bolinhas, anote as quantidades e faça a adição. Veja o exemplo.

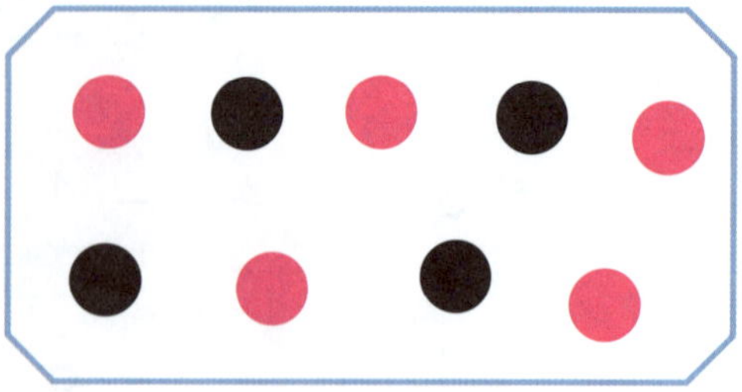

a) [5] + [4] = 9

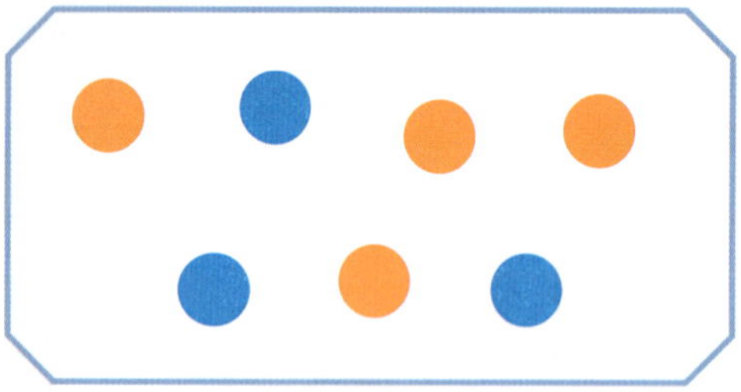

b) [ ] + [ ] = ____

c) [ ] + [ ] = ____

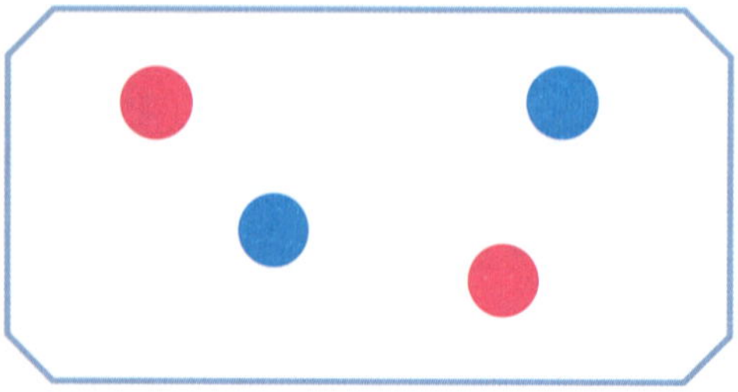

d) [ ] + [ ] = ____

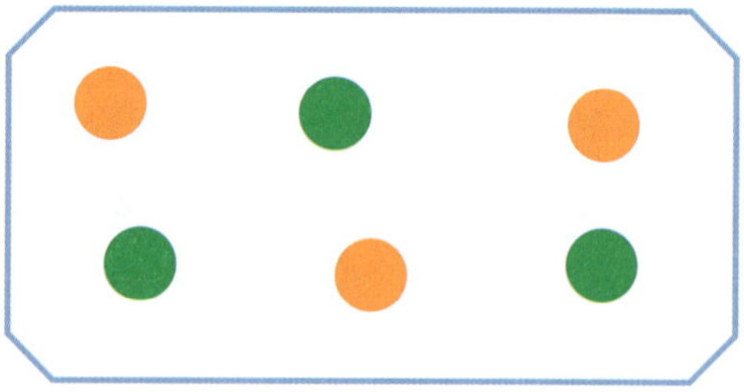

e) [ ] + [ ] = ____

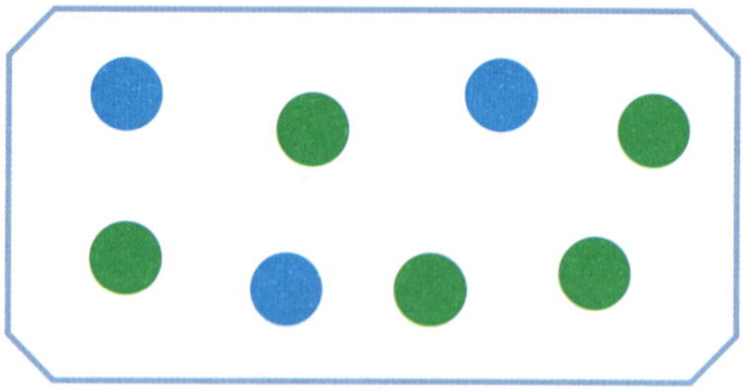

f) [ ] + [ ] = ____

g) [ ] + [ ] = ____

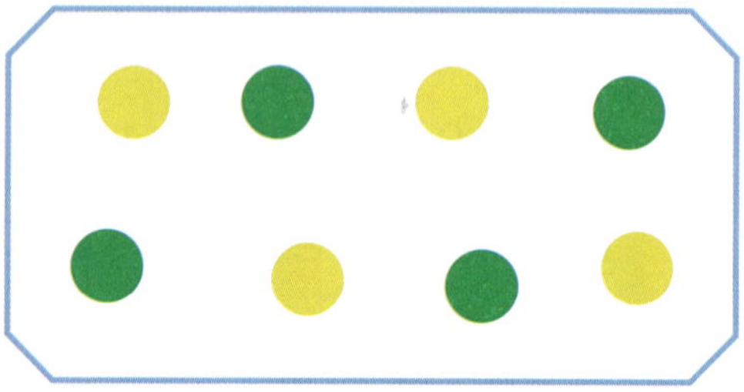

h) [ ] + [ ] = ____

Problemas de adição

Vamos cantar

Escravos de Jó
Jogavam caxangá.
Tira, põe, deixa ficar.
Guerreiros com guerreiros
Fazem zigue-zigue-zá.

Cantiga.

Deise, Mário, Ricardo e Jamile brincam de **escravos de Jó**. Pedro e Laís estão se aproximando para brincar também. Quantas crianças brincarão agora?

Sentença matemática	Cálculo
$\square = 4 + 2$ $\square = 6$	$4 + 2 = 6$

Resposta: Brincarão agora 6 crianças.

Atividade

1 Resolva as situações-problema.

a) Ana tem um aquário com  peixes. Sua mãe comprou mais  peixes. Quantos peixes ficarão no aquário?

Sentença matemática	Cálculo
☐ = ☐ =	

Resposta: Ficarão no aquário ______ peixes.

b) Pedro tem  figurinhas. Jogando com seu irmão, conseguiu mais  figurinhas. Com quantas figurinhas Pedro ficou?

Sentença matemática	Cálculo
☐ = ☐ =	

Resposta: Pedro ficou com ______ figurinhas.

c) Juca tem uma coleção com  bonés.

No aniversário dele ganhou mais 

bonés. Quantos bonés Juca tem agora?

Sentença matemática	Cálculo
☐ =	
☐ =	

Resposta: Juca tem agora _____ bonés.

d) De manhã, Guilherme fez 4 pipas verdes. À tarde fez 5 pipas azuis. Quantas pipas ele fez nesse dia?

Sentença matemática	Cálculo
☐ =	
☐ =	

Resposta: Ele fez no total _____ pipas.

e) Laís colheu 5 rosas e 5 margaridas. Quantas flores ela colheu?

Sentença matemática	Cálculo
☐ = ☐ =	

Resposta: Ela colheu _____ flores.

f) Natália levou para o lanche 2 bananas e 4 morangos. Quantas frutas ela levou?

Sentença matemática	Cálculo
☐ = ☐ =	

Resposta: Natália levou _____ frutas.

g) Luís foi ao galinheiro e recolheu 2 ovos no ninho da galinha carijó. Depois, recolheu mais 1 ovo no ninho da galinha branca. Quantos ovos Luís recolheu?

Sentença matemática	Cálculo
☐ = ☐ =	

Resposta: Luís recolheu _____ ovos.

Sistema de numeração decimal até o 59

50 unidades formam 5 dezenas

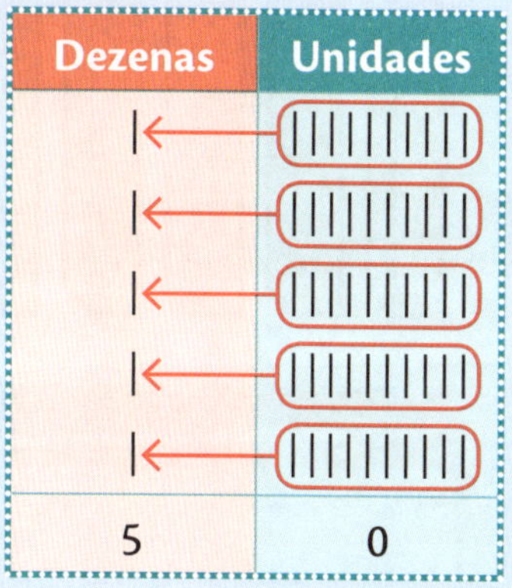

50 ⟶ cinquenta

... 50 – 51 – 52 – 53 – 54 – 55 – 56 – 57 – 58 – 59...

Atividades

1 Conte as unidades e represente a quantidade no quadro valor de lugar. Depois, escreva por extenso o número formado.

a)

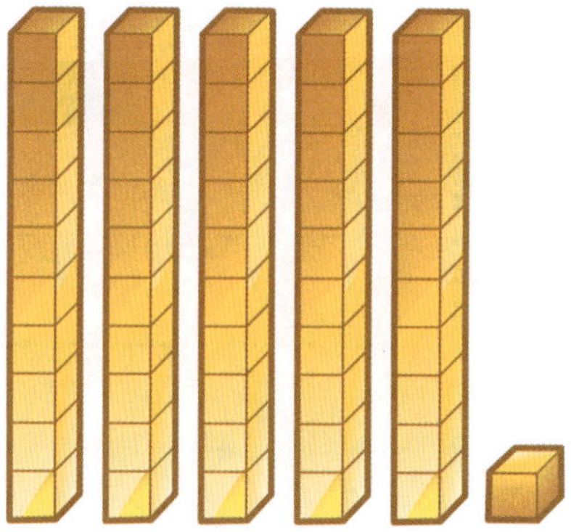

Dezenas	Unidades

____

b)

Dezenas	Unidades

____

c)

Dezenas	Unidades

____

d)

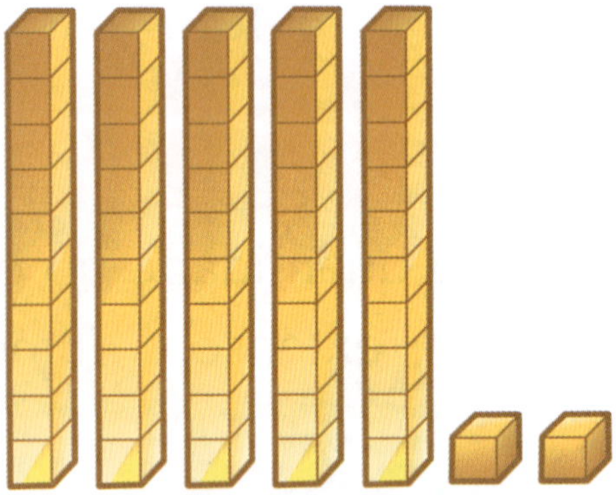

Dezenas	Unidades

____

e)

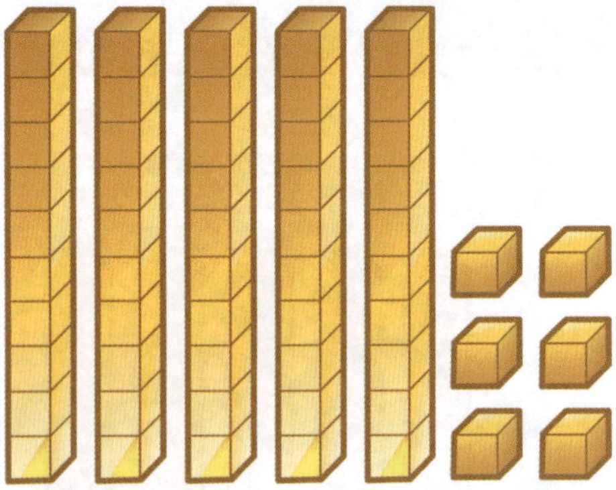

Dezenas	Unidades

____

f)

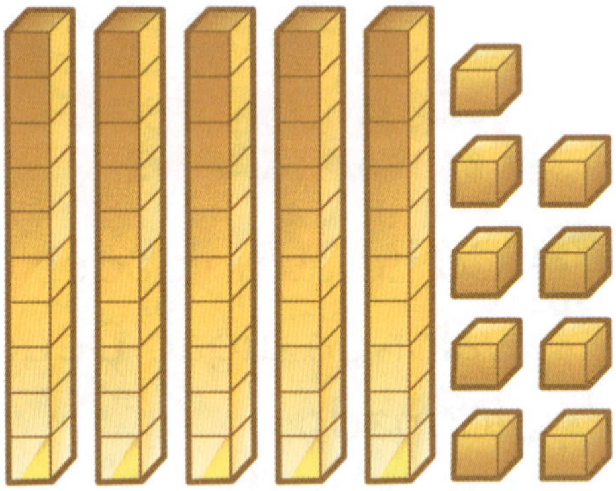

Dezenas	Unidades

____

2 Escreva o número que vem antes dos números a seguir.

a) ______ 50 **d)** ______ 51 **g)** ______ 58

b) ______ 55 **e)** ______ 56 **h)** ______ 52

c) ______ 59 **f)** ______ 53 **i)** ______ 54

Revisando tudo o que foi estudado

Atividades

1. Pinte uma dezena de ovos.

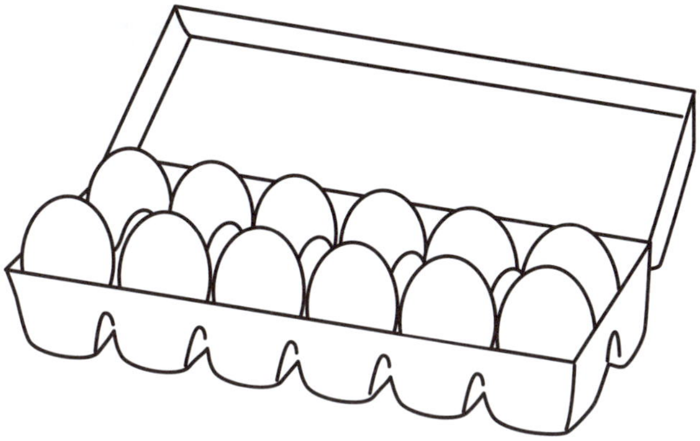

2. Circule o bolo que tem meia dezena de velas.

3. Termine a sequência numérica de 2 em 2.

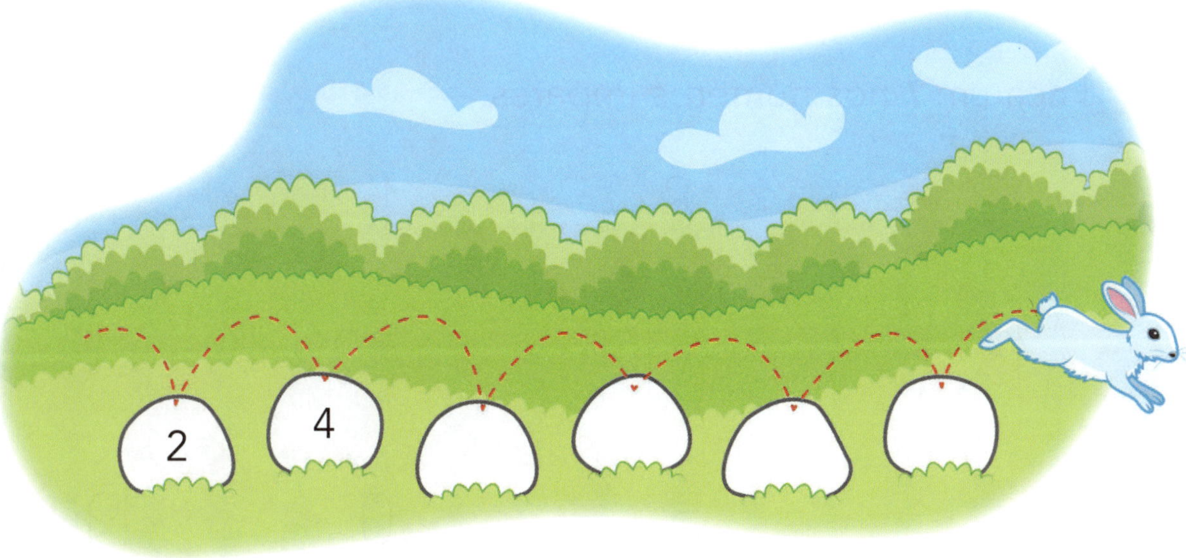

4 Circule os elementos formando pares. Depois, complete as quantidades pedidas.

a)

______ unidades

______ par

b)

______ unidades

______ pares

c)

______ unidades

______ pares

d)

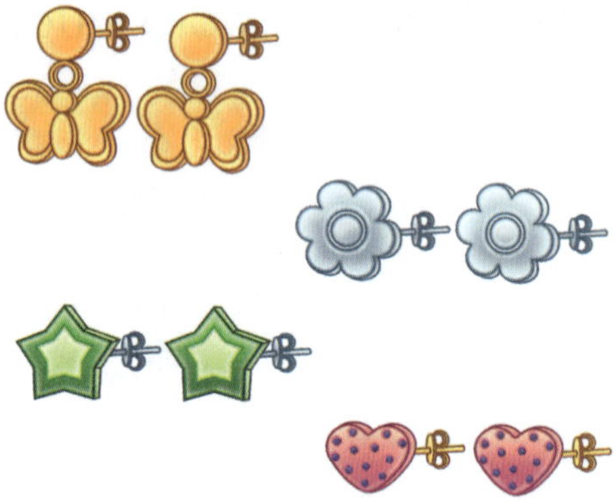

______ unidades

______ pares

5 Faça um **/** nos números ímpares.

27	8	11	21
13	1	3	15
6	5	0	19

6 Ligue os pontos seguindo os números do 30 até o 59 e descubra a figura.

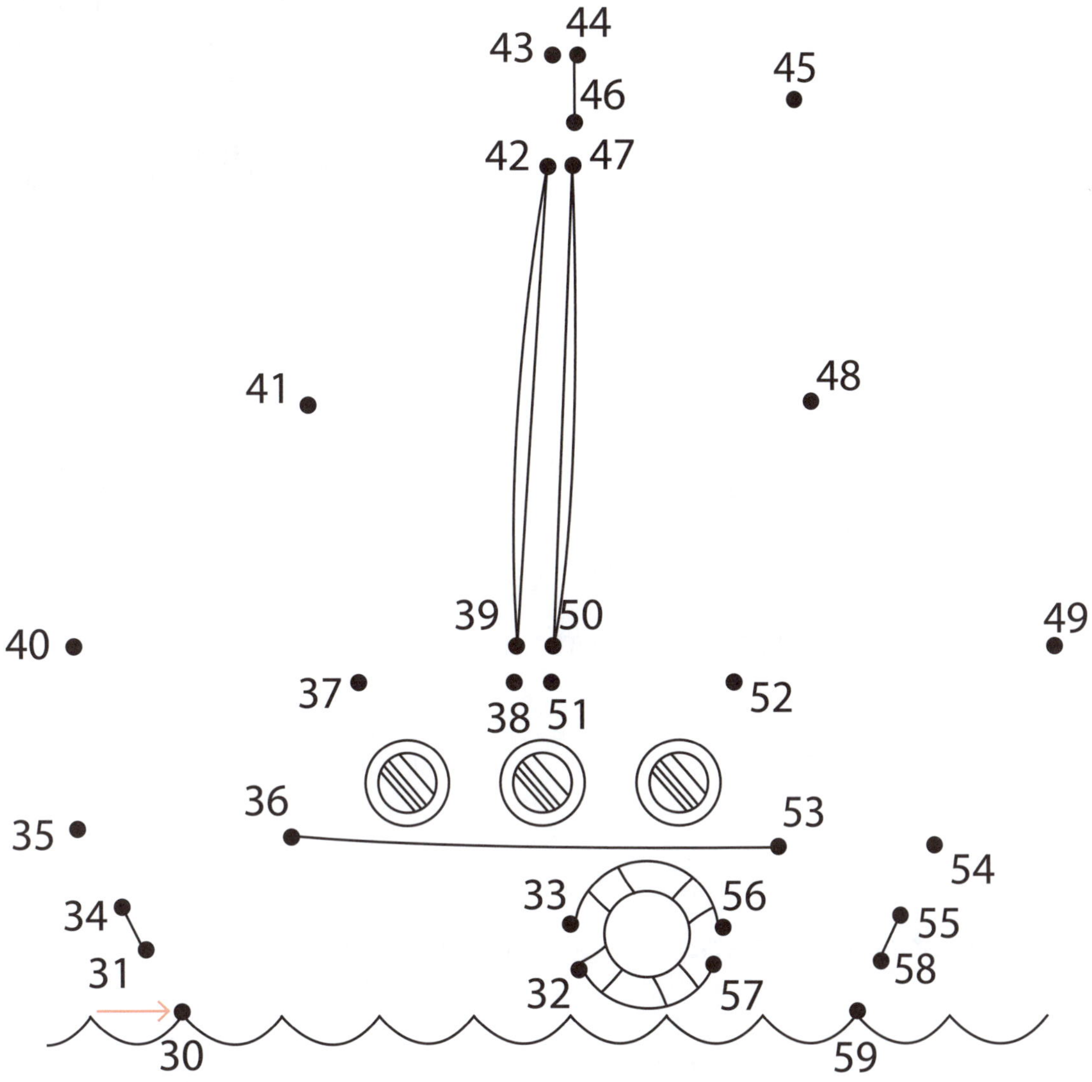

7 Leia os números por extenso e escreva-os com algarismos.

a) dez ______

b) vinte e sete ______

c) trinta e seis ______

d) quarenta e quatro ______

e) cinquenta e dois ______

f) vinte e cinco ______

g) trinta e um ______

h) quarenta e três ______

i) cinquenta ______

j) cinquenta e nove ______

8 Resolva as situações-problema a seguir.

Pai Francisco entrou na roda
Tocando seu violão
Bi-rim-bão, bão, bão!
Vem de lá seu delegado
Pai Francisco foi pra prisão.
Como ele vem todo requebrado
Parece um boneco desengonçado.

Cantiga.

a) Havia  brincando na roda. Chegou mais . Quantas crianças ficaram na roda?

Sentença matemática	Cálculo
☐ =	
☐ =	

Resposta: Ficaram _____ crianças na roda.

b) Mara comeu  e . Quantos doces Mara comeu?

Sentença matemática	Cálculo
☐ =	
☐ =	

Resposta: Mara comeu _____ doces.

c) José foi à feira e comprou  e . Quantas frutas ele comprou?

Sentença matemática	Cálculo
$\square$ = $\square$ =	

Resposta: José comprou _____ frutas.

d) Lara gosta de fazer dobraduras. Fez 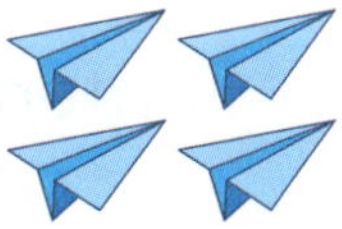 e 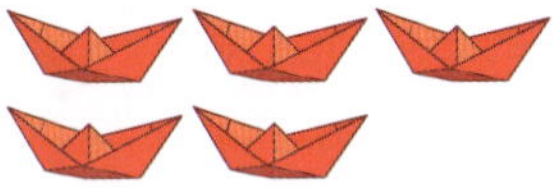. Quantas dobraduras Lara fez?

Sentença matemática	Cálculo
$\square$ = $\square$ =	

Resposta: Lara fez _____ dobraduras.

- Agora, faça você um aviãozinho de papel.

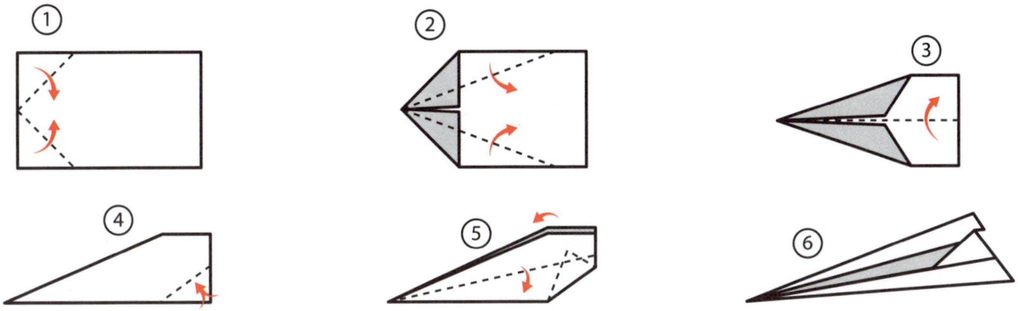

e) Caio tem 6 carrinhos. Ganhou de sua avó mais 3. Quantos carrinhos Caio tem agora?

Sentença matemática	Cálculo
☐ =	
☐ =	

Resposta: Caio tem ______ carrinhos agora.

f) Em um canteiro havia 3 flores. Alice plantou mais 4. Quantas flores há no canteiro agora?

Sentença matemática	Cálculo
☐ =	
☐ =	

Resposta: No canteiro há ______ flores agora.

g) Daniel tem 5 bolinhas de gude, e Roberto tem 4. Quantas bolinhas de gude os dois têm juntos?

Sentença matemática	Cálculo
☐ =	
☐ =	

Resposta: Os dois juntos têm ______ bolinhas de gude.

Dúzia e meia dúzia

Observe:

12 unidades
ou
1 dúzia

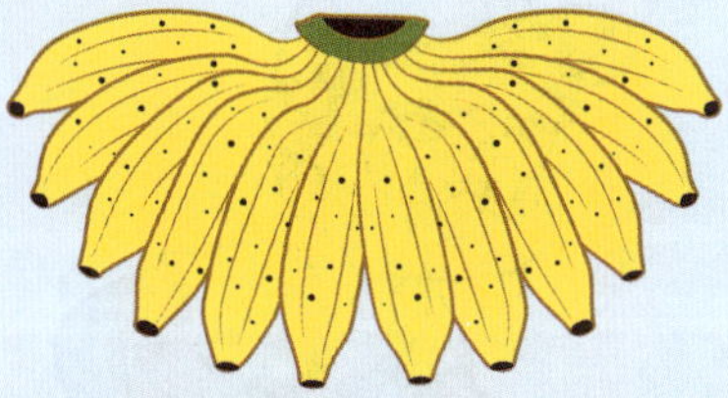

O conjunto de **12 unidades** é igual a **uma dúzia**.

6 unidades
ou
meia dúzia

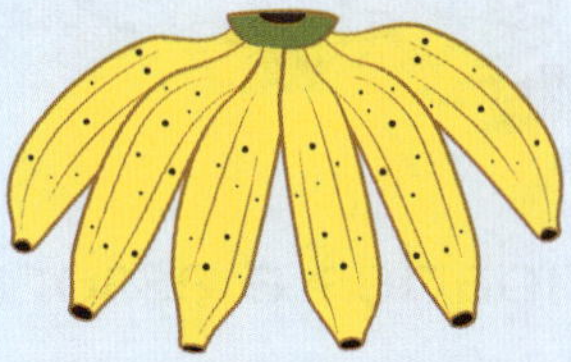

O conjunto de **6 unidades** é igual a **meia dúzia**.

Atividades

1 Pinte uma dúzia de copos.

2 Faça um / na criança que está alimentando meia dúzia de pintinhos.

3 Conte as unidades e associe-as a uma das palavras do quadro.

uma dúzia – meia dúzia

ConstantinosZ/Shutterstock.com

Stable400/Dreamstime.com

a) ______________________ b) ______________________

4 Circule o ramalhete que tem 1 dúzia de rosas.

5 Pinte meia dúzia de bananas.

6 Complete a quantidade de bolas de acordo com a fala das crianças.

Tenho uma dúzia de bolas.
Tenho meia dúzia.

7 Faça um **X** no conjunto que apresenta uma dúzia de pregadores.

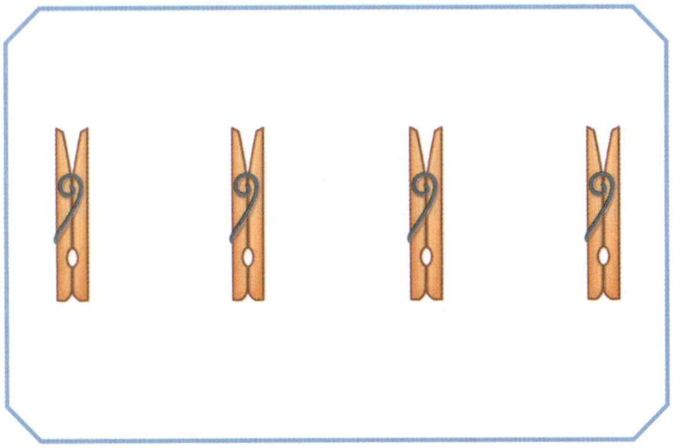

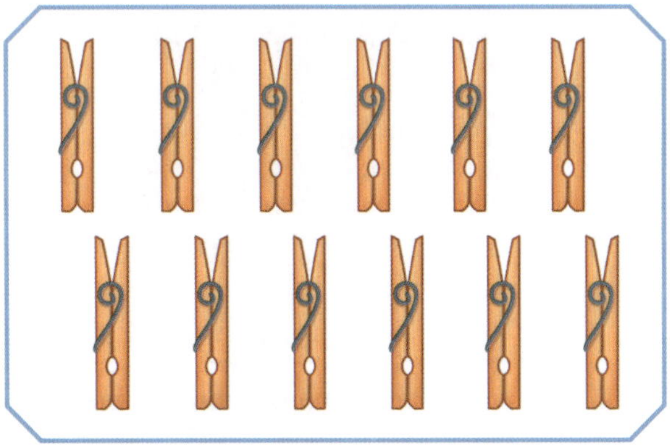

8 Circule o número que representa uma dúzia e faça um **/** no número que representa meia dúzia.

2 4 12 15 6

Sistema de numeração decimal até o 69

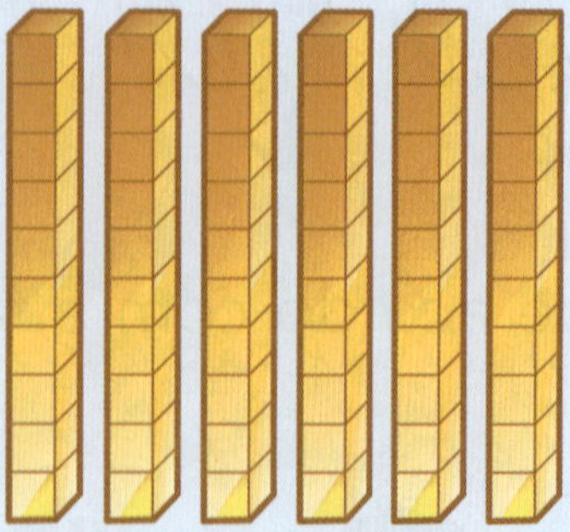

60 unidades formam 6 dezenas

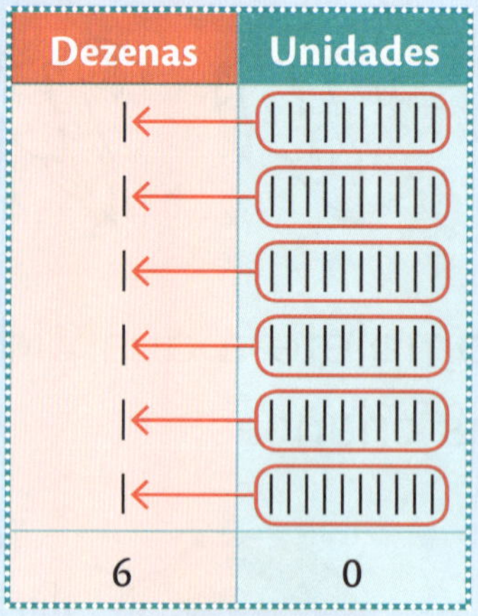

60 ⟶ sessenta

... 60 – 61 – 62 – 63 – 64 – 65 – 66 – 67 – 68 – 69...

Atividades

1 Conte as unidades e represente a quantidade no quadro valor de lugar. Depois, escreva por extenso o número formado.

a)

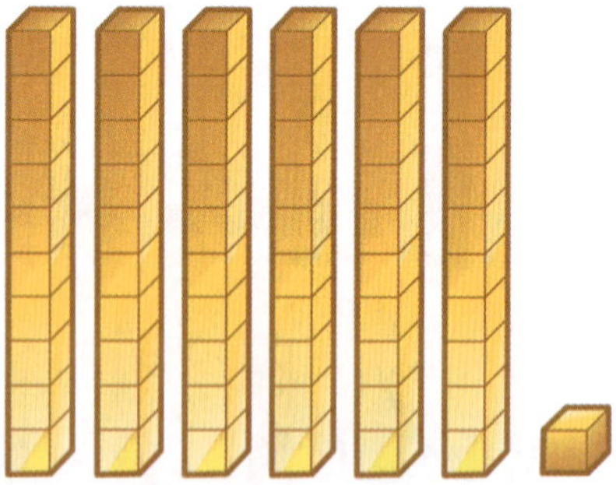

Dezenas	Unidades

____

b)

Dezenas	Unidades

____

c) 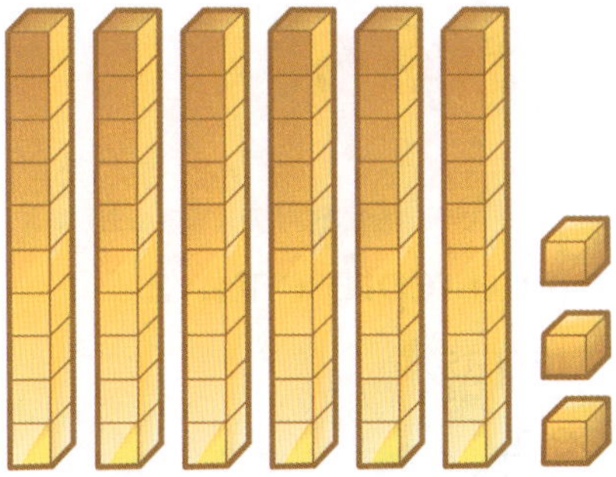

Dezenas	Unidades

d) 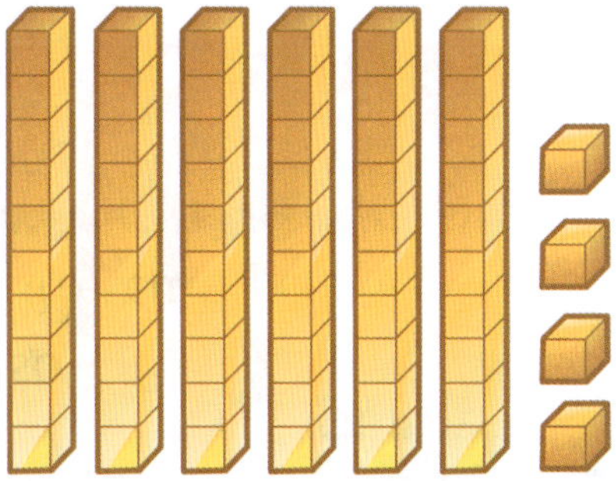

Dezenas	Unidades

2. Ligue os pontos seguindo os números do 1 até o 69 e descubra a figura.

Números romanos de 1 até 5

Na Roma Antiga, o povo romano representava os números com letras.

Observe a tabela:

I	1
II	2
III	3
IV	4
V	5

Hoje, encontramos esses símbolos em relógios, capítulos de livros e nomes de papas, séculos, eventos e reis.

Atividades

1 Pinte com a mesma cor as figuras que representam o mesmo número.

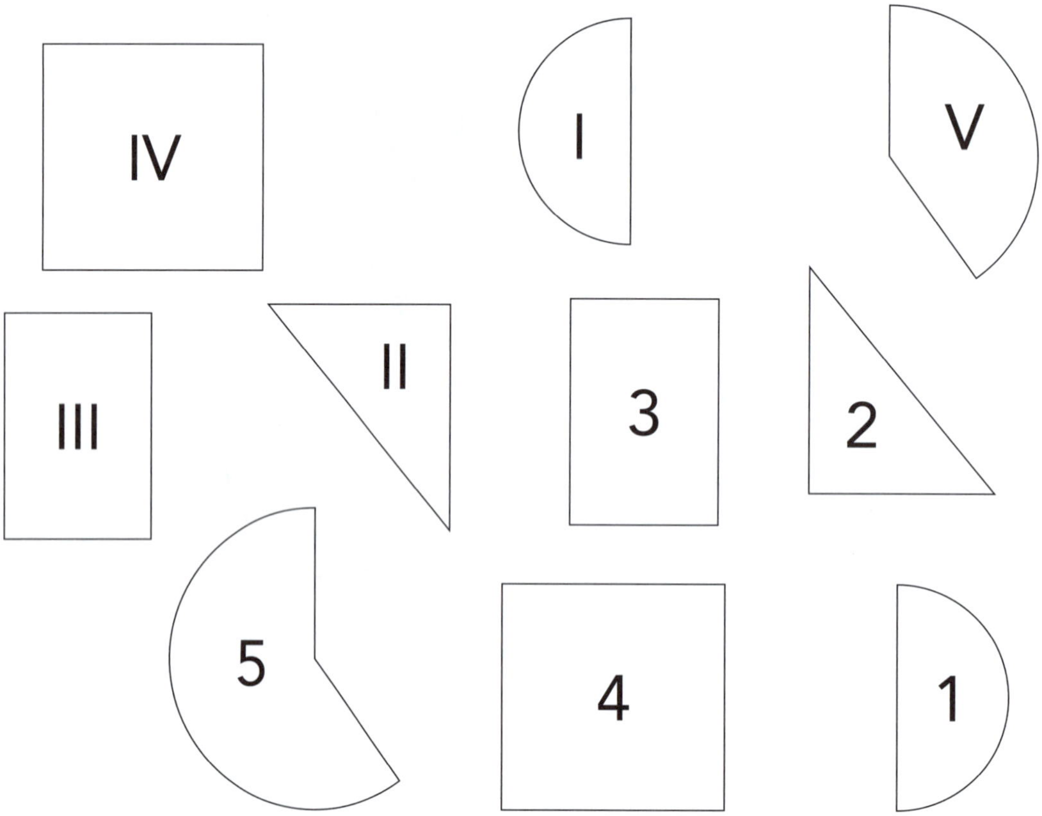

2 Alguns volumes desta enciclopédia vieram sem numeração. Complete-os com números romanos.

3 Qual é o capítulo do livro que Beto está lendo? Escreva-o em algarismo romano.

Capítulo _____.

4 Leia os números e escreva o algarismo romano correspondente.

a) cinco _____

b) um _____

c) quatro _____

d) dois _____

e) três _____

Sistema de numeração decimal até o 79

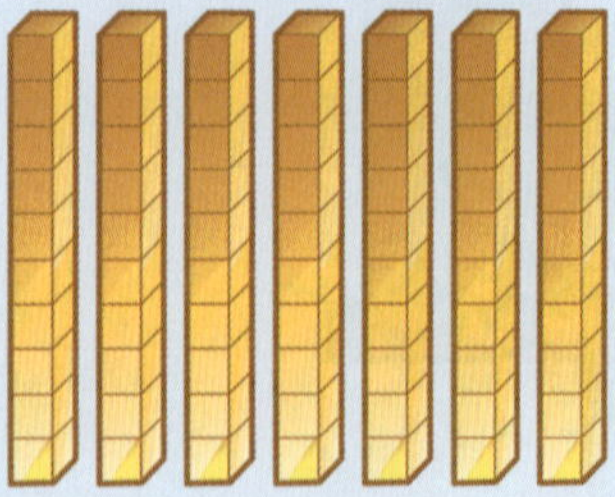

70 unidades
formam
7 dezenas

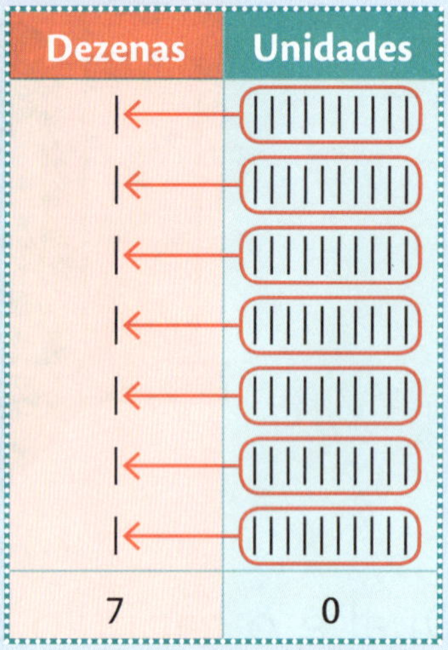

70 ⟶ setenta

... 70 – 71 – 72 – 73 – 74 – 75 – 76 – 77 – 78 – 79...

Atividades

1 Conte as unidades e represente a quantidade no quadro valor de lugar. Depois, escreva por extenso o número formado.

a)

Dezenas	Unidades

____

b)

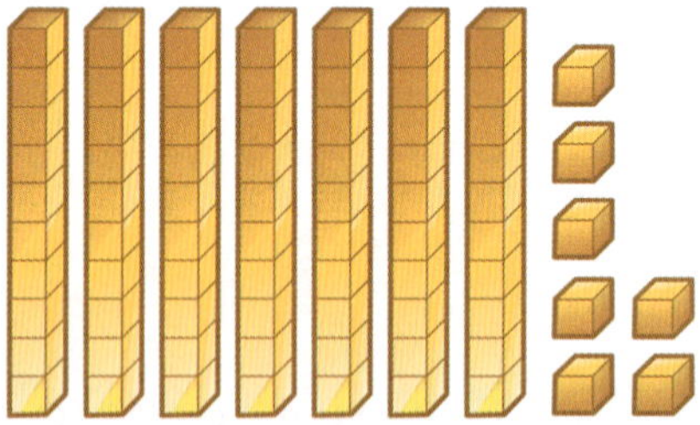

Dezenas	Unidades

____

c)

Dezenas	Unidades

____

d)

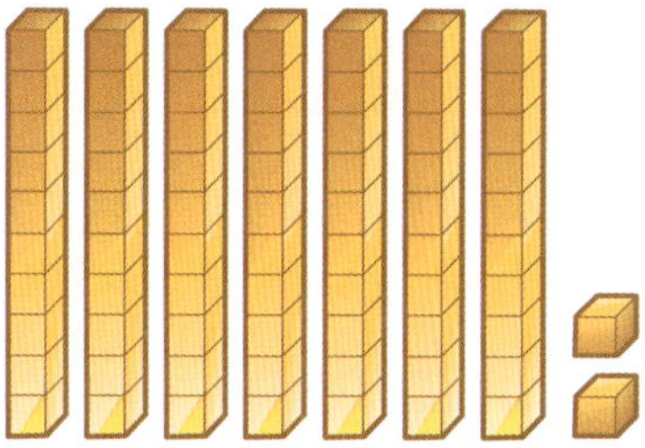

Dezenas	Unidades

____

2 Escreva o número que fica entre os indicados a seguir.

a) 75 ______ 77

b) 70 ______ 72

c) 72 ______ 74

d) 76 ______ 78

e) 77 ______ 79

f) 73 ______ 75

3 Leia os números e faça a correspondência.

a) setenta e um •	• 75
b) setenta e nove •	• 78
c) setenta e cinco •	• 71
d) setenta e oito •	• 76
e) setenta e seis •	• 79
f) setenta e três •	• 69
g) setenta •	• 70
h) sessenta e nove •	• 73

Subtração

Vamos cantar

Lá vai a bola girar na roda
Passar adiante sem demora
E se no fim
Desta canção
Você estiver
Com a bola na mão
Depressa, pule fora!

Cantiga.

Subtração é a operação que diminui, tira uma quantidade de outra quantidade. O sinal de subtração é o − (menos).

Observe:

Quantas crianças estão brincando?

6

Quantas crianças saíram da roda?

1

Quantas crianças continuam na brincadeira?

Continuam na brincadeira _____ crianças.

Atividade

1 Observe as imagens e calcule.

a) 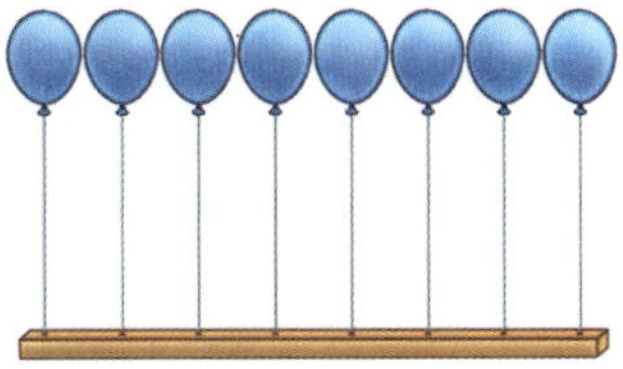

Quantos:

 ? ☐

? ☐

Sobraram _____ balões.

b) 

Quantas:

 ? ☐

 ? ☐

Sobrou _____ maçã.

c) 

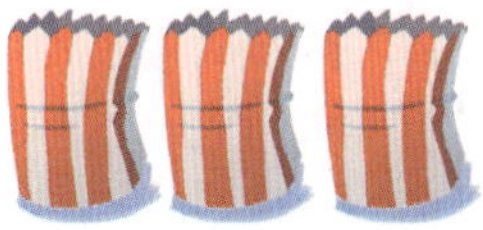

Quantos:

 ? ☐

 ? ☐

Sobraram _____ sacos de pipoca.

Sistema de numeração decimal até o 89

80 unidades formam 8 dezenas

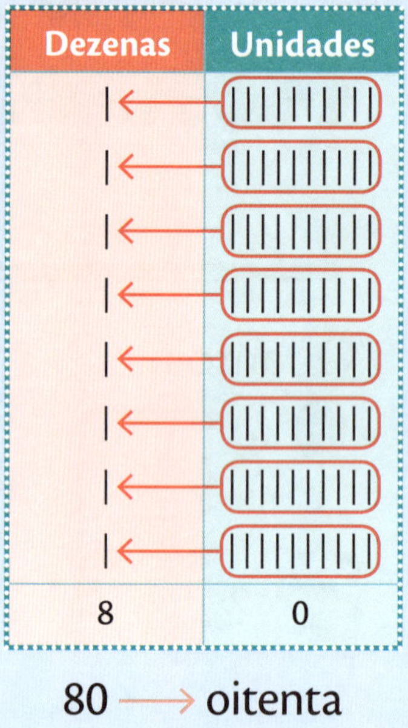

... 80 – 81 – 82 – 83 – 84 – 85 – 86 – 87 – 88 – 89...

Atividades

1 Conte as unidades e represente a quantidade no quadro valor de lugar. Depois, escreva por extenso o número formado.

a)

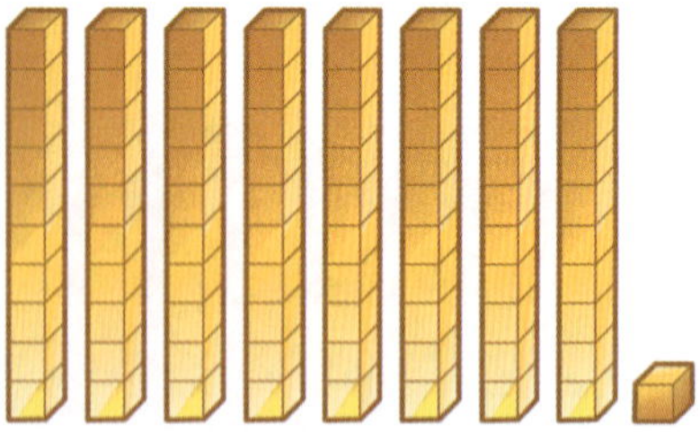

Dezenas	Unidades

____

b)

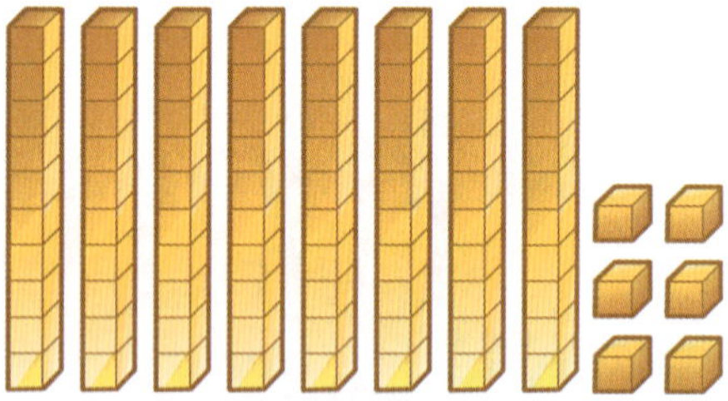

Dezenas	Unidades

____

c) 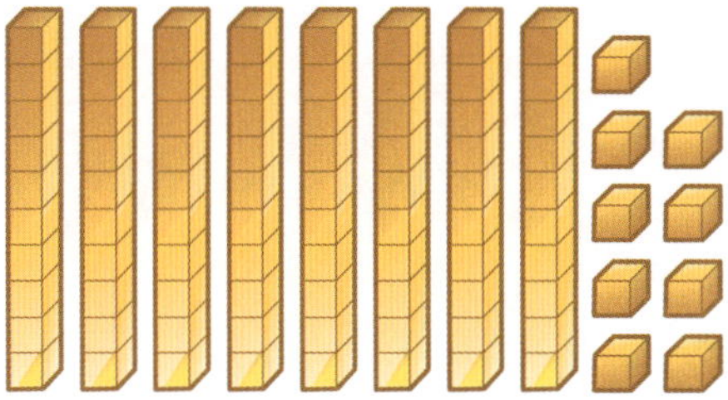

Dezenas	Unidades

d) 

Dezenas	Unidades

2 Leia os números por extenso e escreva-os com algarismos.

a) oitenta e dois ______

b) oitenta e quatro ______

c) oitenta e oito ______

d) oitenta e três ______

e) oitenta ______

f) oitenta e um ______

3 Complete o quadro com os números em ordem crescente.

50				54					
	61								69
					75				
								88	

Problemas de subtração

Atividades

1 Nina tinha 4 balões, mas 2 estouraram.

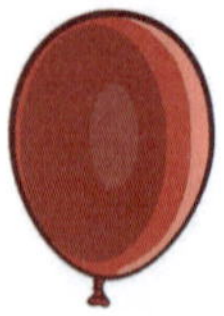 ☐

 ☐

Nina ficou com ______ balões.

2 Conte quantos pinos de boliche há na primeira imagem. Depois de jogada a bola, quantos pinos caíram? Quantos ficaram em pé?

 ☐

 ☐

Ficaram em pé ______ pinos.

3 Conte quantos pássaros estavam no galho. Quantos voaram? Quantos ficaram?

 ☐  ☐

Ficaram _____ pássaros no galho.

4 Conte quantos brigadeiros há na mesa. Quantos Mariana comeu? Quantos sobraram?

 ☐  ☐

Sobraram _____ brigadeiros.

Sistema de numeração decimal até o 99

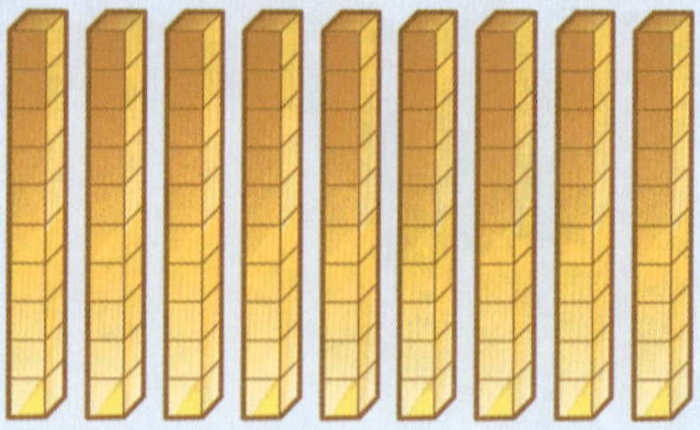

90 unidades formam 9 dezenas

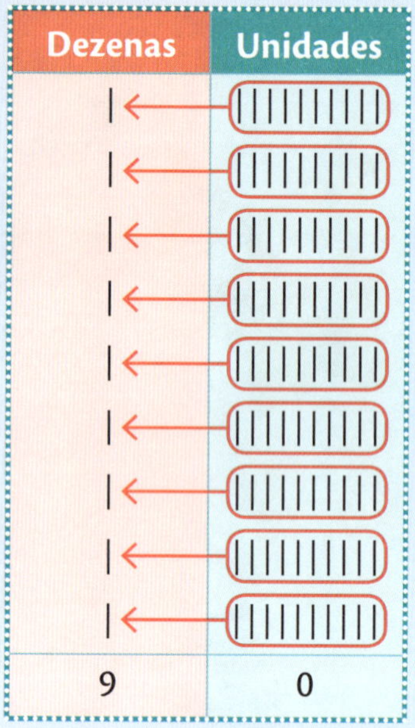

90 ⟶ noventa

... 90 – 91 – 92 – 93 – 94 – 95 – 96 – 97 – 98 – 99...

Atividades

1 Conte as unidades e represente a quantidade no quadro valor de lugar. Depois, escreva por extenso o número formado.

a) 

Dezenas	Unidades

____

b) 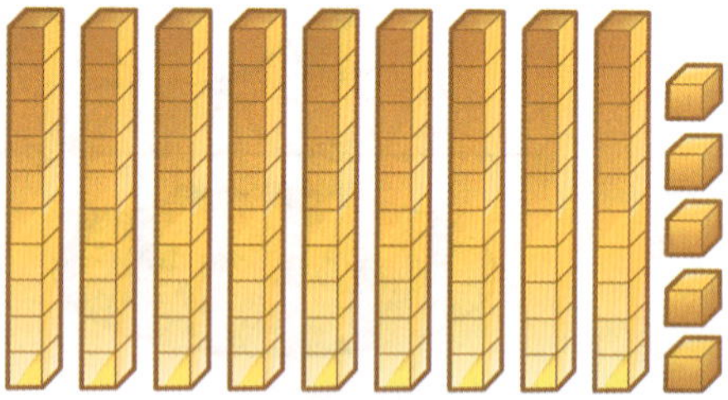

Dezenas	Unidades

____

c) 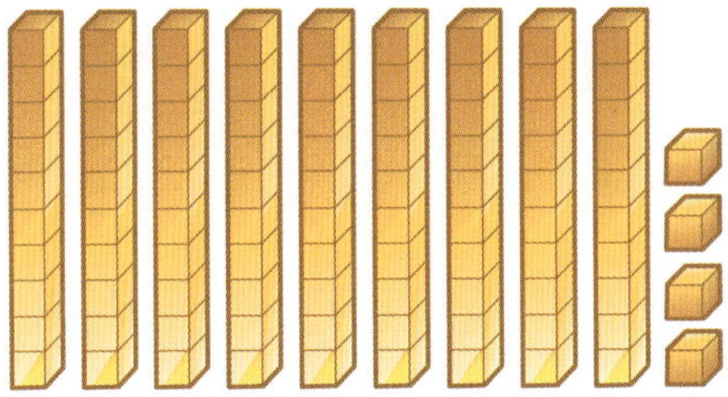

Dezenas	Unidades

____

d) 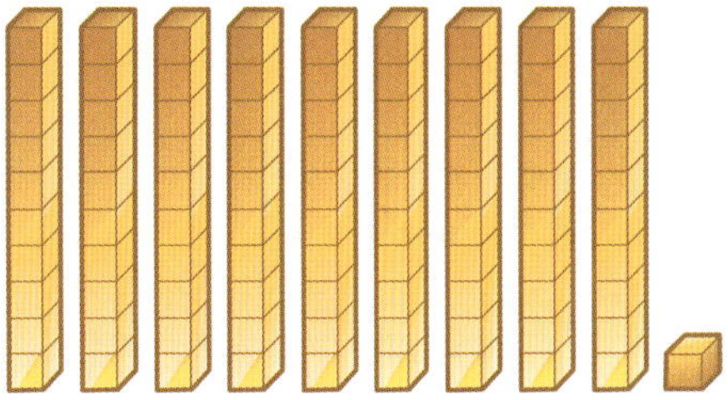

Dezenas	Unidades

____

2 Escreva o número que vem logo depois dos números a seguir.

a) 95 ______ **d)** 97 ______ **g)** 96 ______

b) 92 ______ **e)** 90 ______ **h)** 94 ______

c) 98 ______ **f)** 93 ______ **i)** 91 ______

3 Leia os números e faça a correspondência.

a) noventa e nove • • 98

b) noventa e três • • 93

c) noventa e oito • • 96

d) noventa e seis • • 99

e) noventa • • 89

f) oitenta e nove • • 90

g) noventa e sete • • 97

Problemas de subtração

Atividade

1 Resolva as situações-problema.

a) Conte quantas crianças há na roda. Quantas saíram? Quantas crianças ficaram?

☐ crianças na roda

☐ crianças saíram

_____ – _____ = _____

Resposta: ____

b) Conte quantas crianças estão brincando. Quantas saíram? Quantas crianças ficaram?

_____ – _____ = _____

Resposta: ______________________________________

c) Conte quantas crianças estão brincando de dança das cadeiras. Quantas não conseguiram se sentar e saíram? Quantas crianças continuaram brincando?

_____ – _____ = _____

Resposta: ______________________________________

Sequência numérica de 5 em 5

Podemos organizar os números de 5 em 5.
Observe:

ou

Atividades

1 Complete as placas de sinalização de acordo com as indicações.

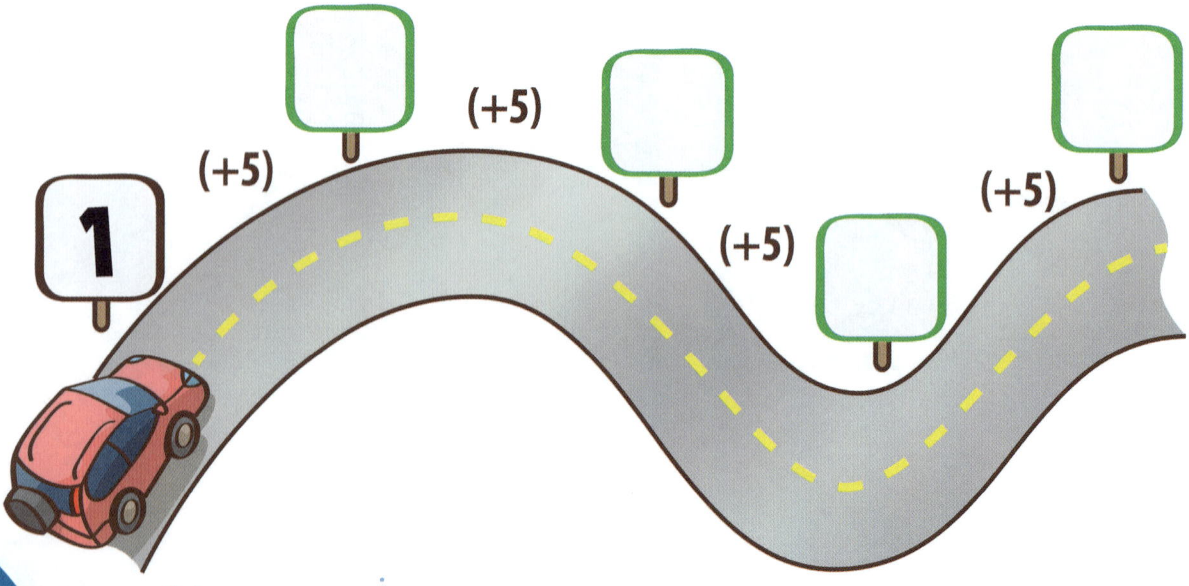

2 Pinte de vermelho as pedras nas quais o canguru pulará até chegar ao filhote. Atenção: ele deve pular nas pedras que têm a sequência de 5 em 5.

Calculando subtrações

Atividades

1 Observe o exemplo e continue calculando as subtrações.

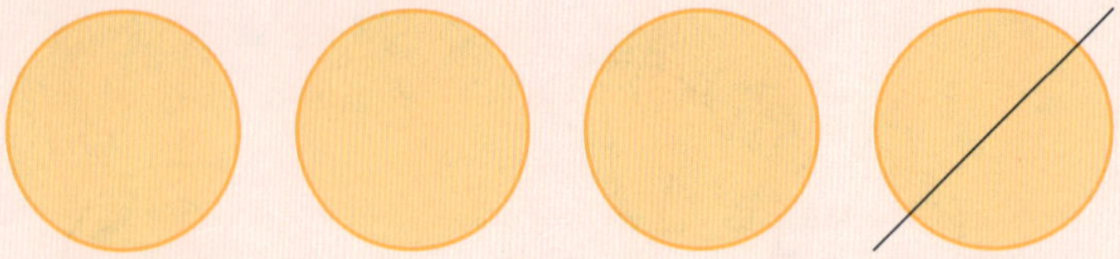

4 – 1 = 3

a) 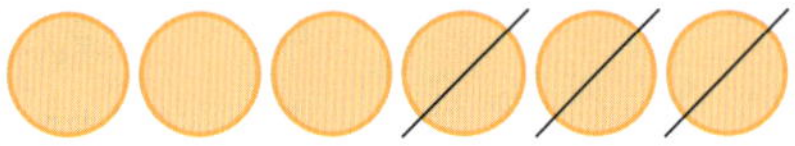 ______ – ______ = ______

b)  ______ – ______ = ______

c) 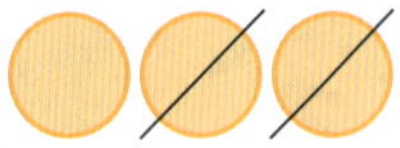 ______ – ______ = ______

d)  ______ – ______ = ______

e) 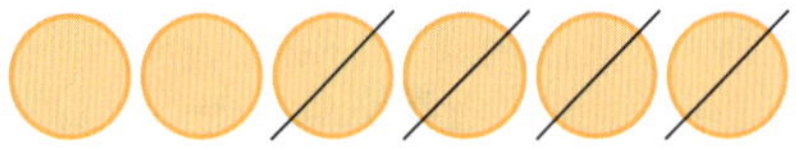 ______ – ______ = ______

f) 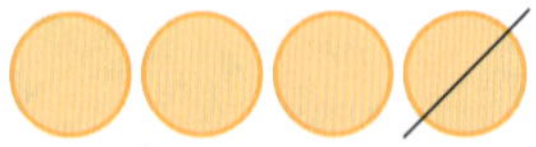 ______ – ______ = ______

g)  ______ – ______ = ______

h)  ______ – ______ = ______

2 Resolva as subtrações.

a) $6 - 4 =$ ____

b) $8 - 3 =$ ____

c) $7 - 1 =$ ____

d) $5 - 5 =$ ____

e) $4 - 2 =$ ____

f) $3 - 1 =$ ____

g) $2 - 1 =$ ____

h) $6 - 0 =$ ____

i) $4 - 3 =$ ____

j) $7 - 5 =$ ____

k) $5 - 1 =$ ____

l) $9 - 7 =$ ____

3 Observe o exemplo e resolva as subtrações.

$$6 - 2 = 4 \longrightarrow \begin{array}{r} 6 \\ -\ 2 \\ \hline 4 \end{array}$$

a) $\begin{array}{r} 3 \\ -\ 2 \\ \hline \end{array}$ ____

c) $\begin{array}{r} 4 \\ -\ 0 \\ \hline \end{array}$ ____

e) $\begin{array}{r} 5 \\ -\ 4 \\ \hline \end{array}$ ____

b) $\begin{array}{r} 8 \\ -\ 4 \\ \hline \end{array}$ ____

d) $\begin{array}{r} 7 \\ -\ 4 \\ \hline \end{array}$ ____

f) $\begin{array}{r} 9 \\ -\ 2 \\ \hline \end{array}$ ____

Centena – número 100

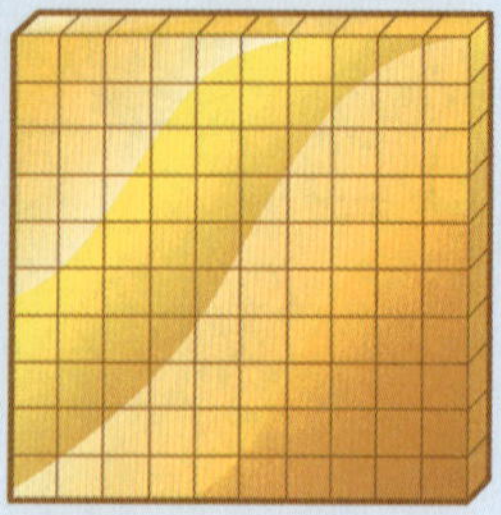

100 unidades formam 10 dezenas

Centenas	Dezenas	Unidades
I ←	IIIIIIIIII	
1	0	0

100 ⟶ cem

10 dezenas = 1 centena

... 99 – 100...

Atividades

1. Leia os números e faça a correspondência.

a) dez •	• 30
b) vinte •	• 10
c) trinta •	• 20
d) quarenta •	• 50
e) cinquenta •	• 70
f) sessenta •	• 100
g) setenta •	• 90
h) oitenta •	• 60
i) noventa •	• 80
j) cem •	• 40

2 Escreva o número que fica entre os indicados a seguir.

a) 91 ______ 93

b) 94 ______ 96

c) 96 ______ 98

d) 90 ______ 92

e) 98 ______ 100

f) 89 ______ 91

3 Ligue os pontos de 1 até 100 e descubra um meio de transporte.

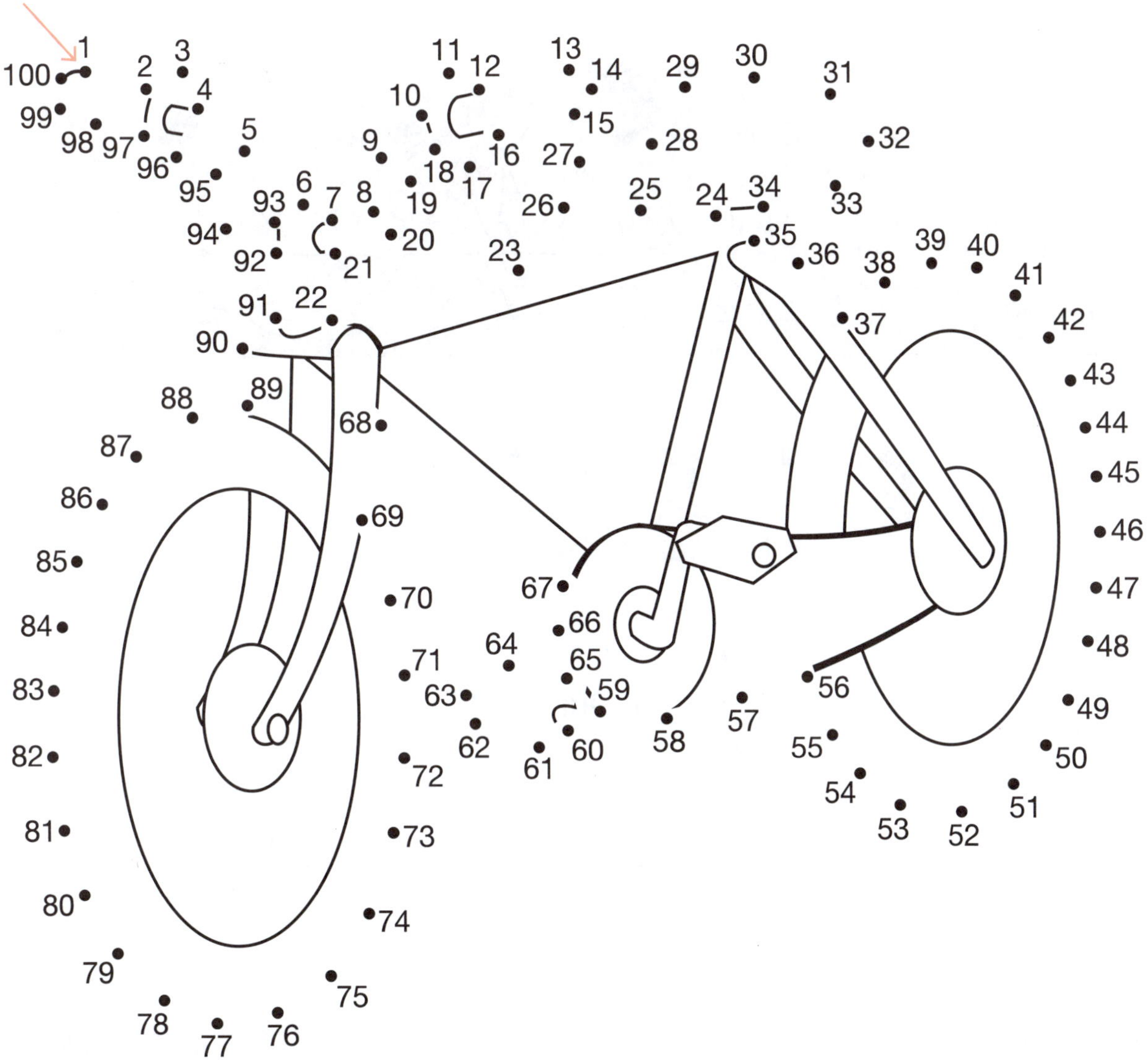

Problemas de subtração

Vamos cantar

Tango-lo-mango

Era uma velha que tinha nove filhas
Foram todas fazer biscoito
Deu o tango-lo-mango numa delas
E das nove ficaram oito. [...]

Cantiga.

Havia  fazendo biscoito.

Uma  saiu. Quantas filhas ficaram?

Sentença matemática

$\square = 9 - 1$

$\square = 8$

Cálculo

$$\begin{array}{r} 9 \\ -\ 1 \\ \hline 8 \end{array}$$

Resposta: Ficaram 8 filhas.

Atividade

1 Resolva as situações-problema.

a) Mariana comprou  ovos.

No caminho de casa 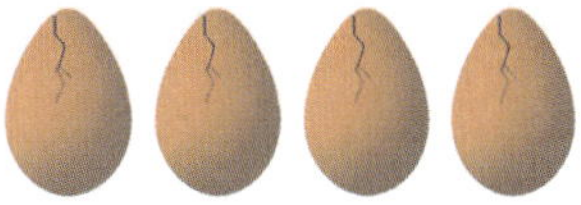 ovos se quebraram. Quantos ficaram?

Sentença matemática	Cálculo
☐ = ☐ =	

Resposta: Ficaram _____ ovos.

b) Fabiana comprou  goiabas.

Comeu  . Com quantas goiabas Fabiana ficou?

Sentença matemática	Cálculo
☐ = ☐ =	

Resposta: Fabiana ficou com _____ goiabas.

c) Na festa de seu aniversário, Daniela colocou na bandeja  copos de suco.

Um convidado esbarrou na bandeja e 2 copos caíram. Quantos copos sobraram na bandeja?

Sentença matemática	Cálculo
☐ =	
☐ =	

Resposta: Sobraram na bandeja ______ copos.

d) Edu levou para a escola sua caixa de lápis de cor com

lápis. Ele emprestou 3 lápis para sua colega.

Quantos restaram na caixa?

Sentença matemática	Cálculo
☐ =	
☐ =	

Resposta: Restaram na caixa ______ lápis.

e) Para o lanche, Clara levou  torradas. Comeu 2 com muito apetite. Quantas torradas restaram?

Sentença matemática	Cálculo
□ = □ =	

Resposta: Restaram ______ torradas.

f) Mamãe é uma ótima doceira. Fez 7 bolos e já vendeu 5. Quantos bolos falta vender?

Sentença matemática	Cálculo
□ = □ =	

Resposta: Falta vender ______ bolos.

g) Vovó comprou 9 maçãs e usou 7 para fazer uma deliciosa torta. Quantas maçãs sobraram?

Sentença matemática	Cálculo
□ = □ =	

Resposta: Sobraram ______ maçãs.

Revisando tudo o que foi estudado

1. Conte e escreva o número de elementos de cada conjunto. Depois, pinte de verde o conjunto com meia dúzia de elementos e de azul o conjunto com uma dúzia.

2. Ajude Kiko a organizar as garrafas em ordem crescente e descubra a sequência.

3 Faça a correspondência.

a) I ☐ 3

b) II ☐ 5

c) III ☐ 4

d) IV ☐ 1

e) V ☐ 2

4 Leve o pássaro até o ninho seguindo a sequência numérica de 5 em 5.

5 Resolva as situações-problema.

a) Tiago adora pipas. No domingo ele comprou 8 pipas, mas, ao voltar para casa, choveu e 3 rasgaram-se. Quantas pipas sobraram?

Sentença matemática	Cálculo
☐ =	
☐ =	

Resposta: Sobraram _____ pipas.

b) Mamãe fez 6 picolés. Na hora do lanche, 2 já haviam derretido. Quantos picolés continuaram congelados?

Sentença matemática	Cálculo
☐ =	
☐ =	

Resposta: Continuaram congelados _____ picolés.

6 Numere a ordem dos competidores.

7 Complete o quadro com os números de 1 a 100 em ordem crescente.

		3							10
					16				
21	22							29	
				35					
						47			
		53							
							68		
	72	73	74						
					86	87			
91	92								

Números romanos até 10

Conheça mais números romanos.

I	1
II	2
III	3
IV	4
V	5

VI	6
VII	7
VIII	8
IX	9
X	10

Atividades

1. Pesquise e escreva o nome do primeiro imperador do Brasil.

____

2. Escreva a idade que você tem em números romanos.

____

3 Conte as bolinhas de cada conjunto e escreva o número romano correspondente à quantidade.

a)
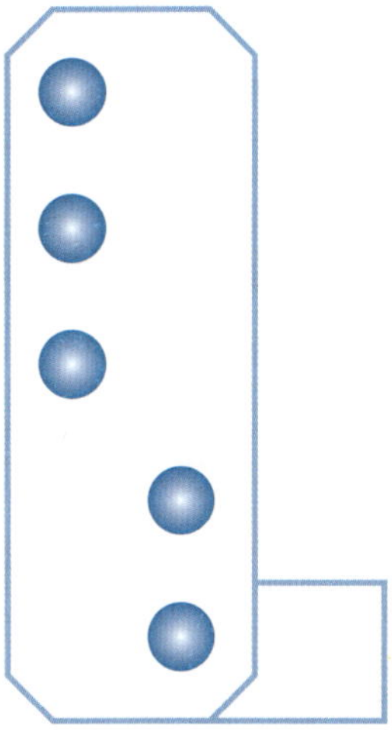

b)
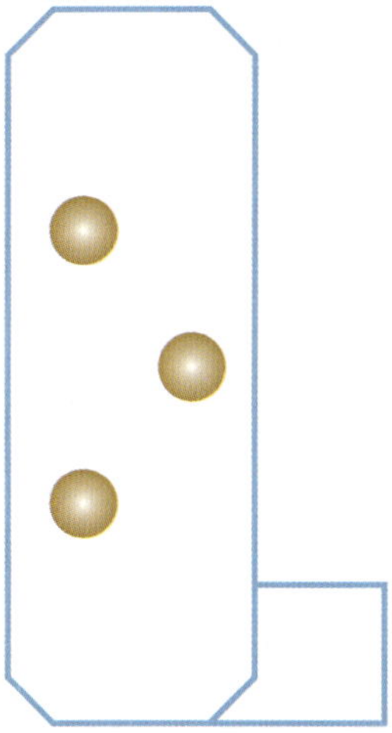

c)
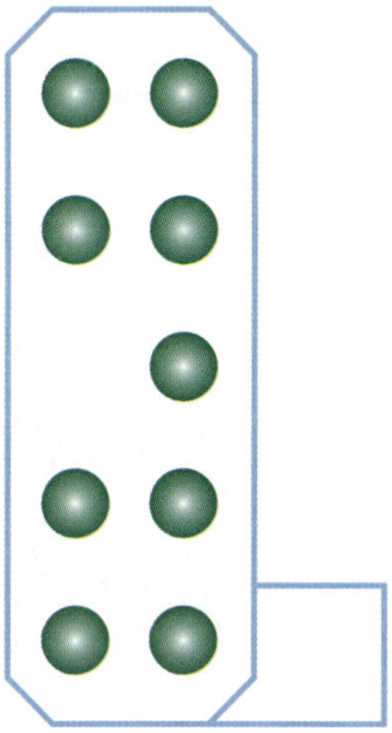

d)
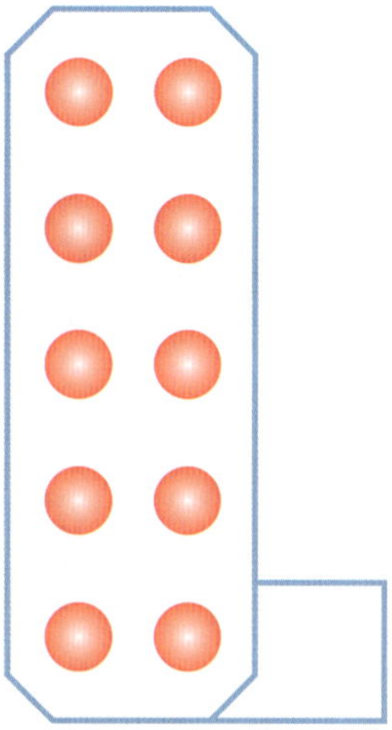

e)
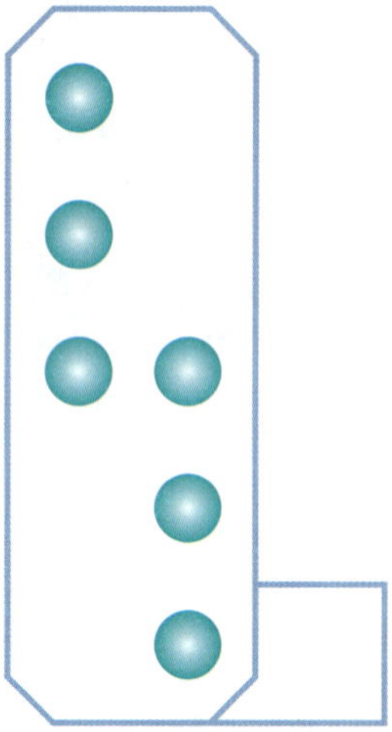

f)
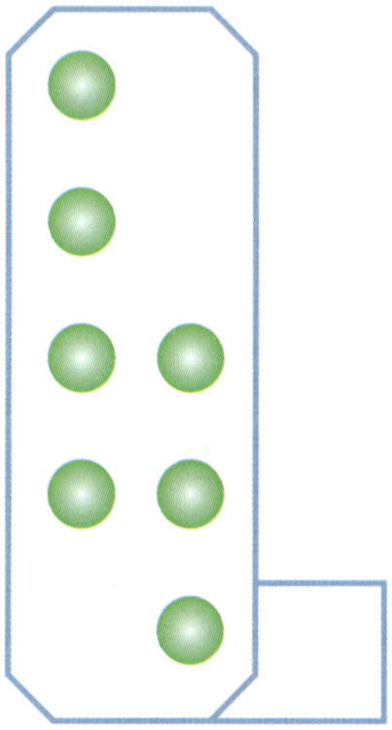

g)
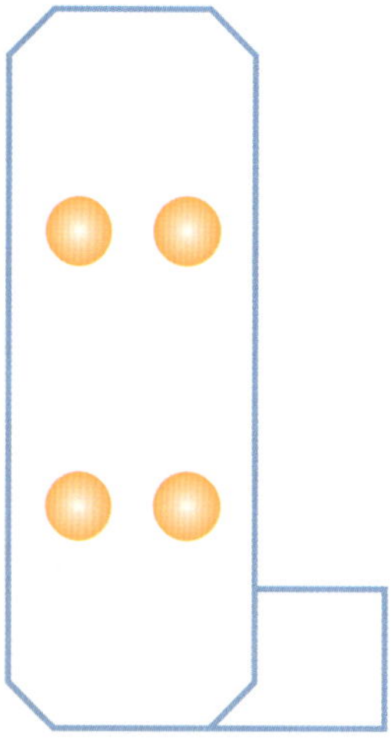

h)
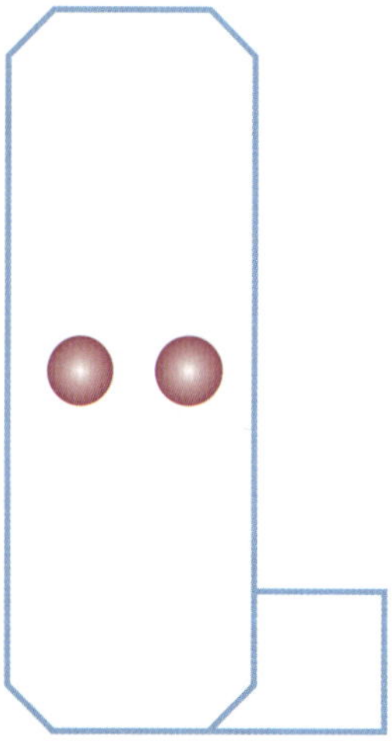

i)
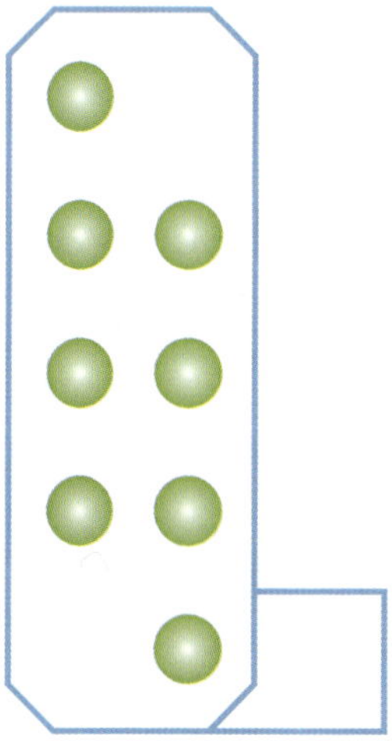

4 A gráfica fez o cartaz, mas se esqueceu de colocar o número 9 em romano. Complete o cartaz.

FEIRA DE
ANIMAIS DE ESTIMAÇÃO
LOCAL: RUA DOS GATOS, 5
DIAS: 20 E 21 DE OUTUBRO DE 2018
HORÁRIO: DAS 9 ÀS 18H.

5 Escreva o número que corresponde a cada um dos algarismos romanos.

a) III ______

b) V ______

c) IX ______

d) I ______

e) VII ______

f) IV ______

g) VIII ______

h) VI ______

i) II ______

6 Leia os números por extenso e escreva-os em algarismos romanos.

a) um ______

b) dez ______

c) dois ______

d) seis ______

e) cinco ______

f) três ______

g) oito ______

h) quatro ______

i) nove ______

j) sete ______

7 Escreva o número romano que vem antes e o que vem depois de cada número indicado a seguir.

a) ______ VIII ______

b) ______ VI ______

c) ______ IX ______

d) ______ II ______

e) ______ III ______

f) ______ IV ______

8 Ligue os pontos e descubra a figura.

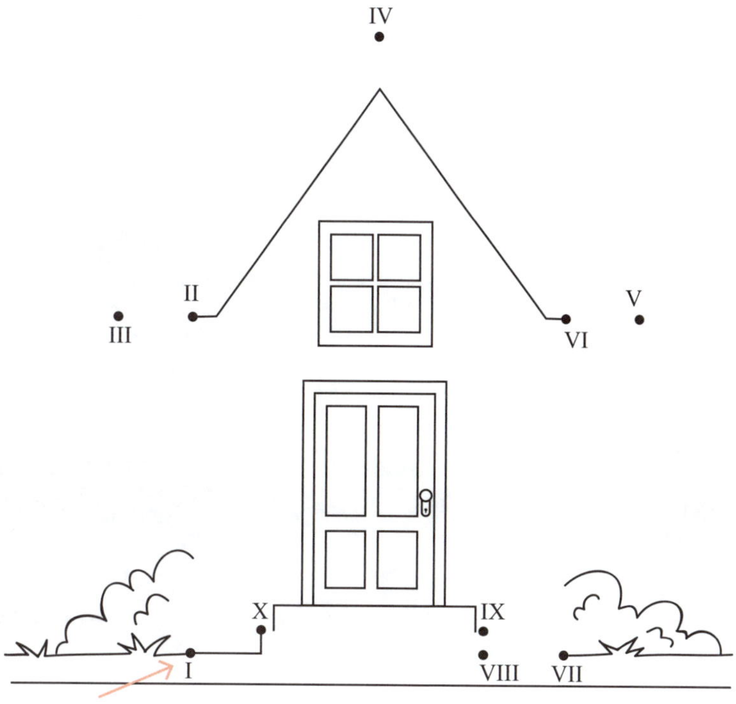

Sequência numérica de 10 em 10

Observe com atenção:

	(0) – 1 – 2 – 3 – 4 – 5 – 6 – 7 – 8 – 9
+10	
	(10) – 11 – 12 – 13 – 14 – 15 – 16 – 17 – 18 – 19
+10	
	(20) – 21 – 22 – 23 – 24 – 25 – 26 – 27 – 28 – 29
+10	
	(30)

Atividades

1. Para encontrar a casa em que moram, João e Maria jogaram pedrinhas pelo chão. Escreva os números de 10 em 10 nas pedras para ajudá-los.

2 Complete a sequência com o nome dos números de 10 em 10.

dez – ______________ – trinta – ______________

______________ – ______________ – setenta –

______________ – ______________ – ______________

3 Numere a amarelinha de 10 em 10.

4 Organize os números a seguir em ordem decrescente.

90 – 50 – 80 – 30 – 100 – 60 – 10 – 40 – 20 – 70

____

Unidades de medida

Medida de capacidade

Litro

O **litro** é a unidade de medida utilizada para medir a quantidade de líquido que cabe em um recipiente.
O símbolo do litro é **L**.
Observe:

Pegou 5 litros de água?
Sim, peguei!
leite
5ℓ

Atividades

1 Circule a embalagem que contém a maior quantidade de água e faça uma **+** na que pode conter exatamente 1 litro de água.

Ilya_Starikov/iStockphoto.com

Azure1/Shutterstock.com

Evgeny Karandaev/ Shutterstock.com

Gergo Kazsimer/ Dreamstime.com

2 Observe a cena. Se cada balde tem capacidade para 5 litros, quantos litros de leite já foram retirados?

© Mauricio de Sousa Editora Ltda.

3 Marque um **X** nos produtos que são medidos em litros.

s-ts/Shutterstock.com

Andrey Savin/Shutterstock.com

Melica/Shutterstock.com

Nexus 7/Shutterstock.com

Medida de comprimento

Metro

O **metro** é a unidade de medida utilizada para medir o comprimento. O símbolo do metro é o **m**.

Observe:

Atividades

1 Circule o instrumento utilizado para medir comprimento.

Bragin Alexey/Shutterstock.com

Studio BM/Shutterstock.com

2 Faça um **X** nos objetos e produtos que são medidos em metro.

Seregam/iStockphoto.com

iamtui7/Shutterstock.com

Dotta

Galina 2703/Shutterstock.com

Mohammed Anwarul Kabir Choudhury/Dreamstime.com

Kaiskynet/Shutterstock.com

3 Escreva o nome destes instrumentos de medida de comprimento. Use as palavras do quadro.

fita métrica – trena – régua – metro articulado

Seregan/Shutterstock.com

HP Productions/Shutterstock.com

Goir/Shutterstock.com

Dimid_86/Shutterstock.com

4 Qual dos instrumentos a seguir você utilizaria para medir seu caderno? Circule-o.

Christophe Testi/Shutterstock.com

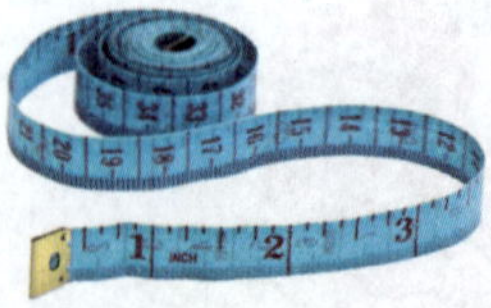
Laborant/Shutterstock.com

Exopixel/Shutterstock.com

Selecstock/Shutterstock.com

5 Observe estes instrumentos e escreva o símbolo da unidade de medida que cada um representa.

Studio BM/Shutterstock.com

______

HP Productions/Shutterstock.com

______

6 Ligue a unidade de medida aos produtos que são medidos por ela.

Litro

Metro

Ajt/Shutterstock.com

Rafa Irusta/Shutterstock.com

Getty Images/iStockphoto.com

Africa Studio/Shutterstock.com

7 Maria Rita levou seus filhos – Rodrigo, Ana Clara, Mariana e Luís – ao médico para saber se eles estão crescendo adequadamente. Observe a cena a seguir e responda às questões.

a) Qual é a criança mais alta?

____

b) Qual é a criança mais baixa?

____

c) Quem é o mais alto: Luís ou Mariana?

____

d) Você sabe qual é a altura que você tem?

____

e) Quando você nasceu, qual era sua altura? Pergunte a seus pais ou aos responsáveis por você.

____

f) Das pessoas de sua casa, quem tem a menor altura?

____

Medida de massa

Quilo

O **quilograma** é a unidade de medida utilizada para medir a massa (peso). Para simplificar, usamos a palavra **quilo**.
O símbolo do quilograma, ou quilo, é **kg**.
Observe:

Por favor, dois quilos de laranja.

Atividades

1. Que tipo de balança você utiliza para medir seu "peso"? Circule-a.

Atorn Buaksantiah/Dreamstime.com

Freer/Shutterstock.com

Lbarn/Dreamstime.com

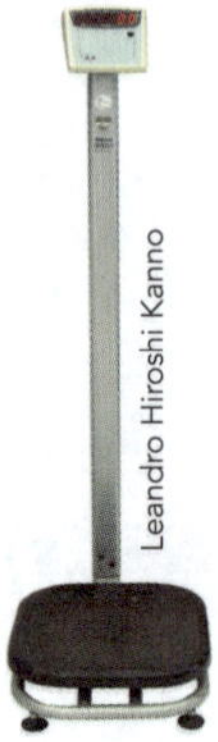
Leandro Hiroshi Kanno

2 Clara e Sandra estão verificando quanto "pesam". Marque com um **X** quem tem o maior "peso".

3 Observe a balança e escreva qual é o "peso" da carne.

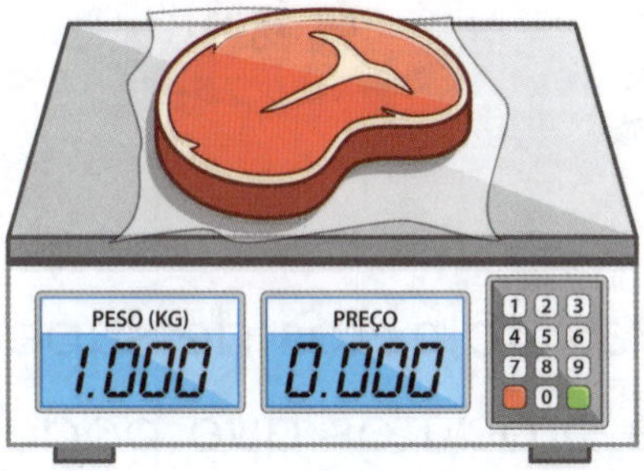

____

4 Renato vai comprar frango. Que unidade de medida ele usará? Circule-a.

a) Litro (L).

b) Metro (m).

c) Quilo (kg).

5 Complete as frases com as unidades de medida a seguir.

litros – quilos – metros

6 Pesquise em jornais, revistas, folhetos de supermercado ou na internet imagens de produtos que podem ser comprados por quilo. Cole-as a seguir.

7 Escolha dois colegas e pergunte quantos quilos eles têm. Anote o nome de vocês a seguir e o “peso” de cada um.

Eu: ______________________________ ______ kg

Amigo 1: ______________________________ ______ kg

Amigo 2: ______________________________ ______ kg

Agora, responda:

a) Qual de vocês tem o maior peso?

____

b) E qual tem o menor peso?

____

8 Ligue o produto ao instrumento utilizado para medi-lo.

Artpritsadee/Shutterstock.com

Topnatthapon/Shutterstock.com

Melica/Shutterstock.com

Ang intaravichian/Shutterstock.com

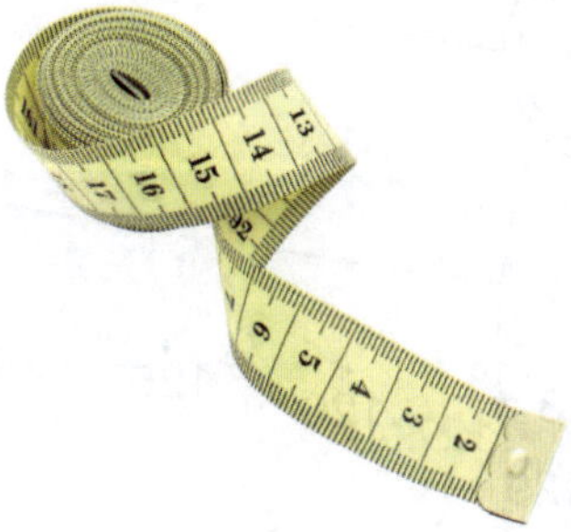

Nata-Lia/Shutterstock.com

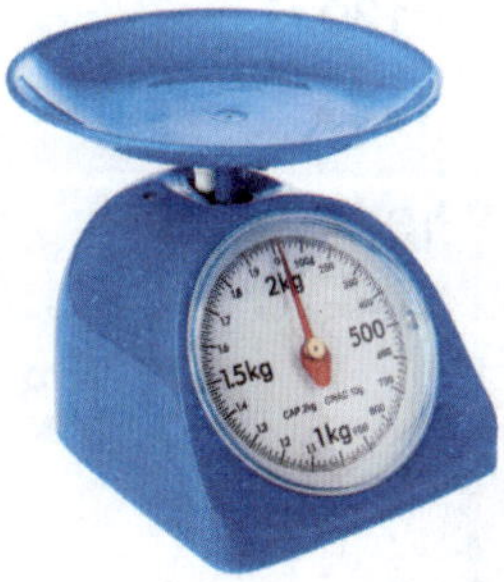

Lightofchairat/Shutterstock.com

Números até 150

Mariana e Ricardo estão contando quantas figurinhas eles já têm.

Atividades

1 Ligue os pontos do número 100 até o 150 e descubra um objeto.

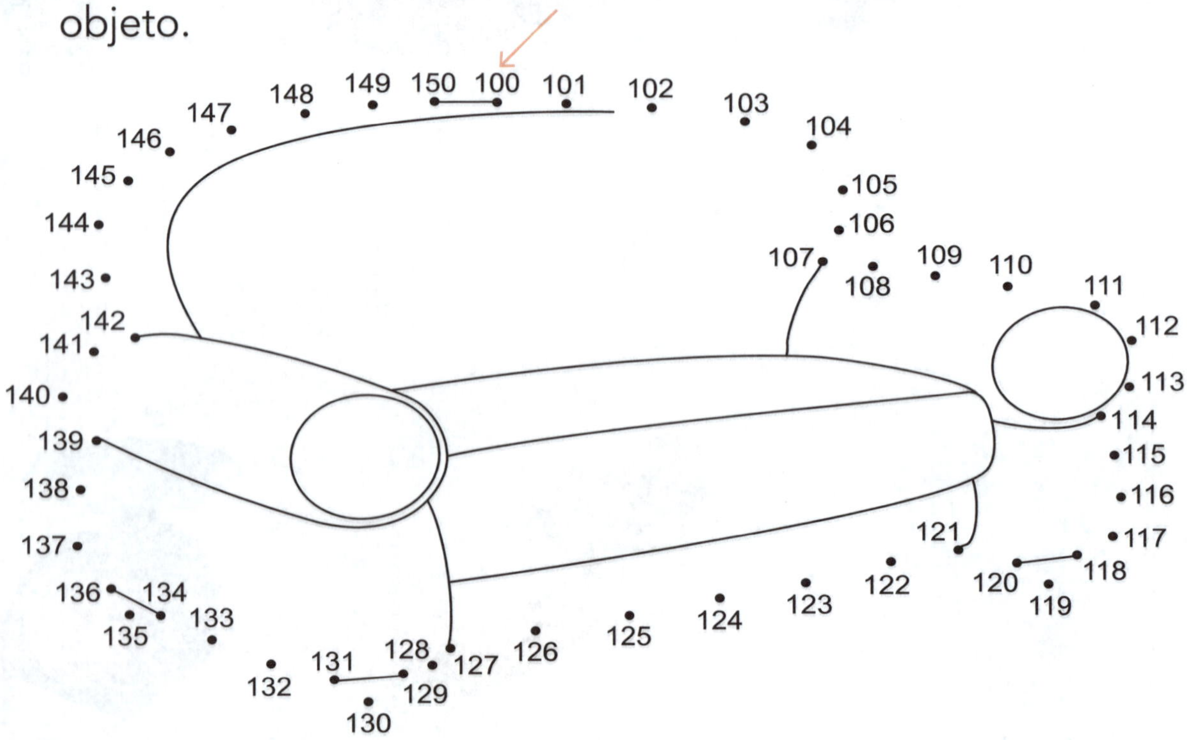

2 Escreva o número que vem antes dos números a seguir.

a) ______ 101 **c)** ______ 110 **e)** ______ 141

b) ______ 106 **d)** ______ 115 **f)** ______ 133

3 Agora, escreva o número que vem logo depois dos números a seguir.

a) 108 ______ **c)** 125 ______ **e)** 149 ______

b) 118 ______ **d)** 129 ______ **f)** 136 ______

4 Escreva os números por extenso. Use as palavras do quadro.

> cento e dez – cento e vinte – cento e trinta – cem – cento e quarenta – cento e cinquenta

a) 130 ______________ **d)** 110 ______________

b) 150 ______________ **e)** 140 ______________

c) 120 ______________ **f)** 100 ______________

5 Descubra o segredo e continue fazendo a correspondência.

a) 103 •	• 128
b) 109 •	• 104
c) 112 •	• 110
d) 127 •	• 142
e) 134 •	• 113
f) 141 •	• 135

Os dias da semana

Uma semana tem 7 dias.
O 1º dia da semana é o domingo e o último dia é o sábado.
Observe:

Júlia, domingo iremos visitar a vovó e o vovô.
SETEMBRO 2018
DOM SEG TER QUA QUI SEX SAB
1
2 3 4 5 6 7 8
9 10 11 12 13 14 15
16 17 18 19 20 21 22
23 24 25 26 27 28 29
30

Atividades

1. Consulte um calendário atual e responda:

   a) Em que dia da semana estamos?

   ____

   b) Quais são os dias da semana em que não há aulas?

   ____

2 Circule a resposta correta em cada item.

a) Quantos dias formam uma semana?

- 9 dias
- 6 dias
- 7 dias

b) Qual é o primeiro dia da semana?

- Terça-feira.
- Domingo.
- Sábado.

3 Faça uma pesquisa e responda. Neste ano, em qual dia da semana cai:

a) seu aniversário?

____

b) o aniversário do professor?

____

4 Vamos recitar o poema e circular o nome dos dias da semana.

Domingo é dia
De descansar.
Segunda-feira,
De trabalhar.
Assim também
É a terça-feira.
A quarta, a quinta
E a sexta-feira.
Depois vem o sábado
E um novo domingo. [...]

Nilson José Machado. *Contando até 10*. São Paulo: Scipione, 1990.

Medidas de tempo

Horas e minutos

O **relógio** é o instrumento utilizado para medir o **tempo**.
Vamos estudar agora o relógio com dois ponteiros.
O ponteiro menor marca as **horas**, e o ponteiro maior marca os **minutos**.
Quando o ponteiro maior está no número 12, temos a hora exata.
Um dia tem 24 horas.
Observe:

Atividades

1 Leia os diálogos entre Pedro e a mãe dele. Depois, desenhe os ponteiros em cada relógio para demonstrar as horas citadas por eles.

Pedro, são 9 horas, hora de dormir.

Você chegou mais cedo da escola?
Não, mãe. Já são 12 horas!

Mãe, são 3 horas. Você me dá um lanche?
Um gostoso suco de laranja.

2 Desenhe nos relógios o ponteiro grande e o pequeno de acordo com os horários pedidos.

a) início da aula

c) horário do recreio

b) término da aula

d) horário em que você dorme

3 Responda às questões a seguir.

a) Qual é o aparelho utilizado para medir horas?

____

b) O que o ponteiro grande marca?

____

c) O que o ponteiro pequeno marca?

____

4 Sublinhe a afirmação correta.

a) O dia tem 12 horas.

b) O dia tem 34 horas.

c) O dia tem 24 horas.

5 Numere o relógio e marque a hora em que você está fazendo esta atividade.

6 Leia a tirinha e escreva o tempo, em minutos, que o bolo ficou no forno.

O calendário

Meses do ano

O calendário mostra os dias, as semanas e os meses do ano.
Um ano tem 12 meses.
Observe:

Atividades

1 Circule no calendário a seguir o nome do mês atual.

Calendário 2018

Janeiro 2018

D	S	T	Q	Q	S	S
	1	2	3	4	5	6
7	8	9	10	11	12	13
14	15	16	17	18	19	20
21	22	23	24	25	26	27
28	29	30	31			

Fevereiro 2018

D	S	T	Q	Q	S	S
				1	2	3
4	5	6	7	8	9	10
11	12	13	14	15	16	17
18	19	20	21	22	23	24
25	26	27	28			

Março 2018

D	S	T	Q	Q	S	S
				1	2	3
4	5	6	7	8	9	10
11	12	13	14	15	16	17
18	19	20	21	22	23	24
25	26	27	28	29	30	31

Abril 2018

D	S	T	Q	Q	S	S
1	2	3	4	5	6	7
8	9	10	11	12	13	14
15	16	17	18	19	20	21
22	23	24	25	26	27	28
29	30					

Maio 2018

D	S	T	Q	Q	S	S
		1	2	3	4	5
6	7	8	9	10	11	12
13	14	15	16	17	18	19
20	21	22	23	24	25	26
27	28	29	30	31		

Junho 2018

D	S	T	Q	Q	S	S
					1	2
3	4	5	6	7	8	9
10	11	12	13	14	15	16
17	18	19	20	21	22	23
24	25	26	27	28	29	30

Julho 2018

D	S	T	Q	Q	S	S
1	2	3	4	5	6	7
8	9	10	11	12	13	14
15	16	17	18	19	20	21
22	23	24	25	26	27	28
29	30	31				

Agosto 2018

D	S	T	Q	Q	S	S
			1	2	3	4
5	6	7	8	9	10	11
12	13	14	15	16	17	18
19	20	21	22	23	24	25
26	27	28	29	30	31	

Setembro 2018

D	S	T	Q	Q	S	S
						1
2	3	4	5	6	7	8
9	10	11	12	13	14	15
16	17	18	19	20	21	22
23	24	25	26	27	28	29
30						

Outubro 2018

D	S	T	Q	Q	S	S
	1	2	3	4	5	6
7	8	9	10	11	12	13
14	15	16	17	18	19	20
21	22	23	24	25	26	27
28	29	30	31			

Novembro 2018

D	S	T	Q	Q	S	S
				1	2	3
4	5	6	7	8	9	10
11	12	13	14	15	16	17
18	19	20	21	22	23	24
25	26	27	28	29	30	

Dezembro 2018

D	S	T	Q	Q	S	S
						1
2	3	4	5	6	7	8
9	10	11	12	13	14	15
16	17	18	19	20	21	22
23	24	25	26	27	28	29
30	31					

2 Agora, faça o calendário do mês atual.

Mês: ______________________ Ano: __________

Com a ajuda do professor, marque nele as datas importantes do mês, como: aniversários, eventos da escola, datas comemorativas etc.

3 Responda às questões a seguir.

a) O primeiro dia do mês atual caiu em qual dia da semana?

____

b) Esse mês fica no primeiro ou no segundo semestre do ano?

____

c) O mês atual tem quantos dias?

____

d) Esse mês fica entre quais meses?

______________ e ______________.

4 Marque um **X** na alternativa correta em cada item.

a) O ano tem:

- [ ] 10 meses.
- [ ] 15 meses.
- [ ] 12 meses.

b) O mês que pode ter 28 ou 29 dias é:

- [ ] fevereiro.
- [ ] março.
- [ ] abril.

c) O primeiro mês do ano é:

- [ ] junho.
- [ ] janeiro.
- [ ] julho.

d) O Natal é comemorado em:

- [ ] outubro.
- [ ] novembro.
- [ ] dezembro.

5 Observe as cenas e escreva o mês em que elas acontecem.

a) ______________________ b) ______________________

Números até 200

Atividades

1 Que caminhos engraçados as minhocas deixaram! Complete a numeração.

a)

151	152	___	___	___	___	___	___	___	___

b)

161	___	___	___	165	___	___	___	___	___

c)

171	___	___	___	___	___	___	___	___	___

d)

___	___	___	___	___	___	___	___	___	190

e)

191	___	___	___	___	___	___	___	___	200

2 Escreva o número que fica entre os indicados a seguir.

a) 156 ______ 158

b) 181 ______ 183

c) 160 ______ 162

d) 189 ______ 191

e) 174 ______ 176

f) 198 ______ 200

3 Escreva o número que vem logo depois dos números a seguir.

a) 159 ______

b) 188 ______

c) 168 ______

d) 190 ______

e) 170 ______

f) 195 ______

g) 177 ______

h) 199 ______

i) 149 ______

4 Encontre no diagrama os números de 190 até 200. Veja o exemplo.

2	5	6	8	0	1	4	1	1	9	0
3	1	9	9	3	9	9	1	8	1	3
4	5	7	4	0	3	0	9	7	9	4
7	1	8	7	6	5	4	8	2	1	0
3	9	9	3	1	9	5	3	7	3	1
2	2	3	1	2	0	3	1	7	2	9
6	0	5	9	5	1	9	7	0	4	4
			6	3	0	8	4	9	3	0
2	0	0								

5 Agora, escreva em ordem crescente os números que você encontrou na atividade anterior.

____

____

Nosso dinheiro

O real

O dinheiro em circulação no Brasil atualmente é o real.
O símbolo do real é R$.
Observe:

O real apresenta-se em forma de cédulas (papel) ou moedas.

Fotos: Banco Central do Brasil

Atividades

1 Responda às questões a seguir.

a) Qual é o dinheiro em circulação atualmente no Brasil?

____

b) Qual é o símbolo do real? ______________

2 Conte e escreva quantos reais há em cada cofre. Depois, escreva o nome da criança que poupou mais.

Paula ______

Tiago ______

Augusta ______

______ poupou mais dinheiro.

3 Circule o brinquedo que você pode comprar com esta quantia.

Fotos: Banco Central do Brasil

a)

Vblinov/Shutterstock.com

R$ 20,00

b)

Tatiana Popova/ Shutterstock.com

R$ 28,00

c)

Michael Kraus/Shutterstock.com

R$ 26,00

4 Cecília foi comprar um relógio. Leia o que ela diz e circule o relógio que ela pode comprar.

Agora, responda:

a) Sobrou troco?

☐ Sim. ☐ Não.

b) Se respondeu sim, quanto?

☐ R$ 10,00 ☐ R$ 5,00 ☐ R$ 1,00

5 Observe as cédulas que Rogério tem. Quantos reais ele tem ao todo?

Fotos: Banco Central do Brasil

Revisando tudo o que foi estudado

1 Henrique e Clara estão lendo um livro cada um. Com as mãos, eles estão indicando o número do capítulo que estão lendo. Escreva esses números em algarismos romanos.

____

____

2 Numere de 10 em 10 a camisa dos jogadores.

3 João quer comprar um pedaço de corda. Faça um **X** na unidade de medida que ele utilizará.

☐ metro

☐ litro

☐ quilo

4 Mamãe foi ao mercado e comprou produtos necessários para a família. Escreva o nome desses produtos separando o que foi comprado em quilo do que foi comprado em litro.

óleo – feijão – carne – vinagre – açúcar –
leite – álcool – azeite – frango – manteiga

Quilo	Litro

5 Escreva as informações pedidas a seguir.

a) Os dias da semana em que você não tem aula.

b) O nome do primeiro dia da semana.

c) O nome do último dia da semana.

d) A quantidade de dias que forma uma semana.

6 Desenhe os ponteiros para mostrar o horário pedido.

a) São três horas, Danilo vai tomar o xarope.

b) São seis horas, o pai de Mariana vai chegar do trabalho.

7 Escreva em ordem o nome dos meses do ano.

____

____

____

8 Mateus vai comprar um lanche. Circule o lanche que ele pode comprar com o dinheiro que tem.

9 Ligue os objetos que têm formas parecidas.

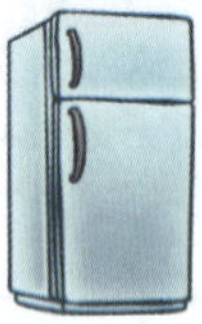

10 Ligue os pontos de 150 até 200.

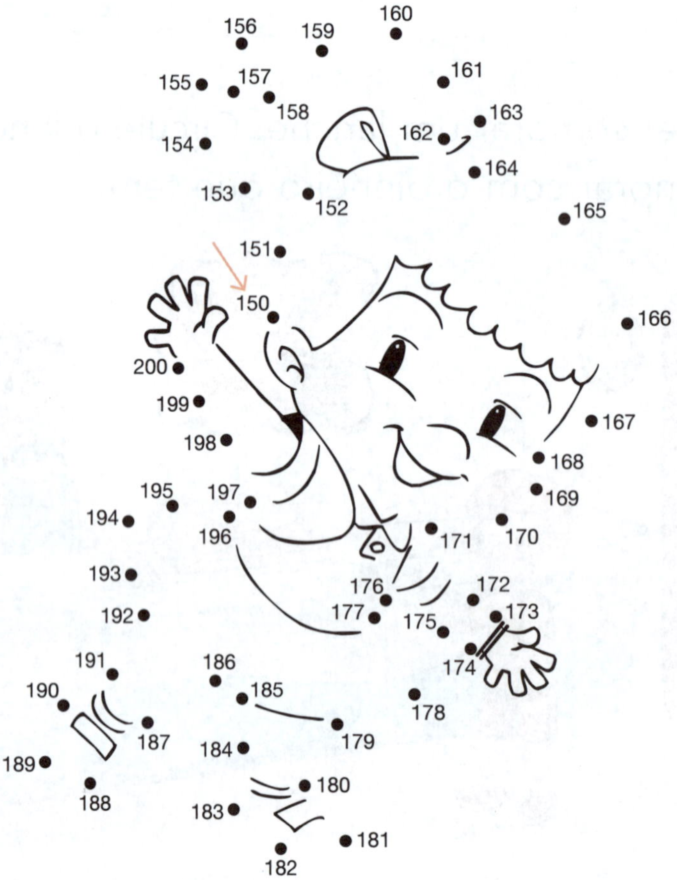